Kosegarten

Gotthard Ludwig Theobul Kosegarten

Briefe eines Schiffbrüchigen

Neu herausgegeben und kommentiert von
Katharina Coblenz

Edition Temmen

Die Deutsche Bibliothek – CIP-Einheitsaufnahme

Kosegarten, Ludwig Gotthard
Briefe eines Schiffbrüchigen /
Gotthard Ludwig Theobul Kosegarten.
Neu hrsg. und kommentiert von Katharina Coblenz.
– Bremen : Ed. Temmen, 1994
ISBN 3-86108-107-5

NE: Coblenz, Katharina ‹Hrsg.›;
Kosegarten, Ludwig Gotthard: [Sammlung]

© bei Edition Temmen
Hohenlohestr. 21 – 28209 Bremen
Tel.: 0421-344280/341727 – Fax 0421-348094
Alle Rechte vorbehalten.
Druck: Interpress

ISBN 3-86108-107-5

Inhalt

Vorwort 7

Briefe eines Schiffbrüchigen 15
  Der Schiffbruch 15
  Rettung der Schiffbrüchigen 19
  Volkers Aufenthalt auf Wittow 40
  Beschreibung von Wittow 43
  Ufergottesdienst in der Vitte 53
  Besuch bei P. Finster 58
  Wallfahrt nach Arkona 67
  Wallfahrt zur Stubbenkammer 74
  Beschreibung von Jasmund 91
  Wallfahrt nach Hiddensee 103
  Beschreibung dieser Insel 111
  Des Schiffbrüchigen Abschied 112

Biographische Daten 117

Kosegartens Werke in Auswahl 124

Der Königsstuhl

Vorwort

Zweihundert Jahre ruhten die »Briefe eines Schiffbrüchigen« verborgen im 1794 von Kosegarten herausgegebenen zweiten Band der »Rhapsodien«.[1] Nur hin und wieder wurde daraus zitiert. Nun, da alljährlich Tausende von Touristen die Nordspitze Rügens besuchen, die Kirche in Altenkirchen betreten und von Arkona nach Vitt pilgern, reizt es mich, die Beschreibung dieses Landes aus der Sichtweise des Künders der Schönheit Rügens – Gotthard Ludwig Theobul Kosegartens – erneut zu veröffentlichen.

Bildet doch diese Schrift den Anfang einer bis heute sich fortsetzenden Flut von Reisebeschreibungen, angefangen mit W. v. Humboldts »Tagebuch von seiner Reise nach Norddeutschland im Jahre 1796«, gefolgt ein Jahr später von J.C. Rellstabs »Ausflucht nach der Insel Rügen durch Mecklenburg und Pommern«[2] und J.F. Zöllners »Reise durch Pommern nach der Insel Rügen und einem Theile Mecklenburg im Jahre 1795«. Im Anschluß an K. Nernsts Hauslehrerzeit bei Kosegarten erschienen 1800 die »Wanderungen durch Rügen«. Der Bergener Privatgelehrte J.J. Grümbke bietet 1805 mit seinen »Streifzügen durch das Rügenland« erstmalig einen breiten von Ortskenntnis getragenen Bericht.

1 Vgl. die Bibliographie im Anhang.
2 Neuausgabe Bremen 1993, Edition Temmen

Kosegarten verarbeitete in diesen »Briefen« literarisch seine erste Begegnung mit Wittow. Tagebuchartig enthalten die Briefe die Ereignisse vom Dienstag, den 25. September, bis Mittwoch, den 10. Oktober 1792, in der Schilderung eines Schiffbruches, den Volker seiner Yseule und deren Bruder Hartmut mitteilt. Wie viele Schiffe verunglückten vor Arkonas Küsten! Immer wieder in der Geschichte bereicherten sich die Küstenbewohner am Elend der Schiffbrüchigen. Der Schreiber dieser Briefe kommt durch einen Schiffbruch an Wittows Gestade und muß hier ausharren, bis das Boot wieder seetüchtig gemacht wird. So bleibt ihm Zeit, Land und Leute zu erkunden, natürlich zu Fuß. Wittow, Jasmund und Hiddensee werden hier beschrieben. Der Vorspruch Kosegartens macht deutlich, daß er selbst vor dem Leser für die »topographische, statistische, antiquarische und naturhistorische Notiz, wie für sein Eigenthum, einsteht«. In der Gestalt des gestrandeten Volkers begegnet uns Kosegarten, der über diese Briefe den Leser mitnimmt bei der Erkundung des Landes, begeistert von der bizarren Schönheit. Nachvollziehbar bleiben die Wanderrouten, die es wieder zu entdecken gilt. Volkers Vor- und Nachgeschichte aber hüllt sich in Dunkel, denn es ist »nichts weiter bekannt geworden, als sich ... aus diesen Briefen von selbst offenbaren wird.« Daß es Kosegarten selbst ist, der hinter den Briefen eines Volkers sich verbirgt, verrät sein Stil. Ich erkenne ihn wieder in anderen Briefromanen, z.B. in »Hainings Briefen an Emma«. Unter dem Pseudonym »Haining« hatte er schon 1791 seine gesammelten Brautbriefe herausgegeben, denn der Briefroman war äußerst beliebt zu seiner Zeit. Wer bekommt nicht gern einen persönlichen Brief – auch wenn sie nun rar werden im Zeitalter der amtlichen Mitteilungen und der Telekommunikation. Wer war es, der sich hier mitteilt? Ein auf Wittow Gestrandeter?

Kosegarten kam mit seiner Familie im Juni 1792 erstmalig hierher, denn ihm war unter dreißig Bewerbern die Pfarrstelle Altenkirchen von der schwedischen Krone zugeteilt worden. Damit erfüllte sich sein sehnlichster Wunsch. Als Pfarrerssohn aus Grevesmühlen hatte er in Greifswald Theologie studieren können, danach mußte er sich als Hauslehrer verdingen. Zuerst bei der Familie Wolfrath in Bergen. Seine Liebe zur Schülerin Caroline kostete ihn die Stellung. Nach mehrmaligem Wechsel der Stellen kam er 1782 zur Familie von Kathen nach Götemitz. Aus dieser Zeit rührt seine Bekanntschaft mit Ernst Moritz Arndt, der später bei Kosegartens Kindern Hauslehrer wurde. Hier lernte er auch seine Frau, Katharina Linde, eine der drei Töchter des Pfarrers zu Kasnevitz kennen. Er strebte deshalb nach einer festen Anstellung und erhielt die Rektorenstelle an der Knabenschule zu Wolgast. Aber nach sieben Jahren Schuldienst fühlte er sich ausgezehrt. Wie hatte er sich zerarbeitet, um sein Gehalt durch Nachhilfestunden und Schriftstellerei aufzubessern! So bewarb er sich u.a. um die Pfarrstelle Altenkirchen und bekam sie. Sicher, sein literarischer Ruhm hatte seinem Namen einen guten Klang gegeben, zumal er schon dem vierzehnjährigen Kronprinzen seine Übersetzung der römischen Geschichte von Oliver Goldsmith gewidmet hatte, worin dieser Maximen für eine weise Regierung entfaltete. Als schwedischer König verantwortlich für die Vergabe der Pfarrstellen – seit dem dreißigjährigen Krieg gehörte Rügen zu Schweden – mag sich Gustav III. erinnert haben. Kosegarten kannte Wittow noch nicht. Aber im Gegensatz zu Schilderungen seiner Freunde, die Wittow als eintönige und ermüdende Fläche darstellten, empfand er schon beim ersten Blick über die Tromper Wiek, daß ihm die »geistigen Flügel« nicht eher als mit dem Leben selber sinken würden. So jedenfalls stellt er es rückblickend in seinem fünfzigsten Lebensjahr fest. Geistige Flügel wuchsen ihm hier, um über seinen Pfarrbezirk hinauszuwirken. Seine schauende Begeisterung und Bewunderung der Natur konnte er verdichten. In unzählbaren Versen hat er Rügen besungen und damit den Reiz der rügischen Landschaft weit über die Insel hinaus bekannt gemacht. Noch heute klingt nicht nur alten Wittowern die Strophe vertraut:

> Dort, wo umschäumt Arkona
> Die Brust den Wogen beut,
> Schaut glanzberauscht das Auge
> In die Unendlichkeit.
> Es späht in Ost und Westen,
> In Süd und Nord der Blick,
> Und späht umsonst. Nicht draußen,
> Nur drinnen wohnt das Glück.

Den Anfang seines literarischen Wirkens hier auf Wittow bilden diese »Briefe eines Schiffbrüchigen«. Kosegarten selbst war ein unermüdlicher Briefeschreiber. Die persönlichen sind fast alle verlorengegangen. Bei den noch auffindbaren konnte ich entdecken, daß mitunter drei dasselbe Datum tragen. Er korrespondierte von hier mit Herder und Goethe, Schiller und

Bürger, Jean Paul und Lavater, Arndt und Schleiermacher, Runge und Friedrich – um nur die Namen derer zu nennen, die wir noch kennen. Er wollte die Menschen auf die Schönheit des Landes aufmerksam machen und sie hierherziehen. Denn Schönheit war für ihn das Göttliche in der Natur. Hier, am abgeschiedenen Ende der Insel Rügen, fand er sie wieder. Was lag da näher, als eine Reisebeschreibung zu veröffentlichen? Und spannend sollte sie auch sein, also: Briefe eines Schiffbrüchigen – wo einen gleich das prickelnde Gefühl überkommt, noch einmal mit heiler Haut davon gekommen zu sein. Angesichts des Schiffbruchs wird auch Volker die ganze Hinfälligkeit des Daseins bewußt. Bringen erst Katastrophen den Menschen zum Nachdenken? Zur Hinwendung zur Natur? Notgedrungen im Warten auf die Fortsetzung seiner Reise genießt hier Volker vierzehn Tage ein einfaches und eben naturverbundenes Leben.

Mittelpunkt dieser Briefe bildet der Besuch des Schiffbrüchigen beim Pastor Finster von Altenkirchen, den er bei einer verregneten Uferpredigt in Vitt erlebt hatte. Hier tritt Kosegarten sich selbst kritisch als »Finster« gegenüber, der sich aber durch den Besucher aufhellen läßt und ihm dann den Tag ganz widmet. Daß dabei sein Töchterchen einmal drei, dann vier Jahre alt ist, zeugt von der Flüchtigkeit der Briefe. Aber das Gespräch über die Sonne mit dem Kinde wird zum Paradigma der Pädagogik. Damals hatten die Kinder noch Platz in der Welt der Erwachsenen. Dieser Besuch wird gerahmt von den Ufergottesdiensten. Wenn im 9. Brief der Schluß der Predigt über »Sehet die Vögel unter dem Himmel an« (Mt. 6, 26) zitiert wird, so ist er fast wörtlich seiner am 7. Oktober 1792 gehaltenen Predigt entnommen.[1] Was bedeutete ihm die Natur? Der Anblick der Natur wird die Mißlaute der Seele »in immer reinern Einklang stimmen«, sie reifen lassen, um aus »dieser sichtbaren Welt hinüber zu schreiten in jene Unsichtbare« – mit diesem Ausblick verabschiedete sich Finster von Volker.

Damals zog die Schrift große Kreise.[2] Hatte er doch damit Rügen in Beziehung gesetzt zu den Naturschilderungen der großen Poeten, die in der damaligen gebildeten Welt gelesen wurden. Die Quellnymphen bei Horaz und Petrarca sieht er auch in den Goorschen Uferschründen. Er vergleicht Jasmund mit dem großen Epos des Renaissancedichters Ariost und Wittow mit Tassos Versen. Rousseaus gepriesene ideale Natur auf der Peter- und Paulsinsel ist ihm auf Wittow gegenwärtig – um nur einige Beispiele zu nennen. Dieses präfigurative Denken gibt Rügen eine weltweite Bedeutung. So lud er die Menschen zu sich ein und sie kamen. An einem Tag, so beschrieb es Runge, sogar 96 – und dabei gab es noch keine Reisebusse! Reiste der von ihm verehrte Goethe nur nach Italien, dem sonnigen Süden, so wurde nun die Schönheit des Nordens entdeckt. Die Romantiker malten sie. Koscgarten prägte ihr Naturverständnis. Blieb er doch seinem ehemaligen Schüler Philipp Otto Runge in väterlicher Freundschaft bis zuletzt verbunden. Die Bilder von C.D. Friedrich, die

---

[1] Vgl. Coblenz, K., Hier ist gut sein. Aus den Uferpredigten L.G. Kosegartens, Berlin 1991, S. 55.
[2] Der 1. Ausgabe im Frühjahr 1793 mußte im Herbst des gleichen Jahres eine 2. Auflage folgen!

er als einer der ersten sammelte, sind leider verschollen. Sein bester Freund J.G. Quistorp war immerhin der Zeichenlehrer Friedrichs. Selbst bei einer Ausstellung in Berlin verbanden sich die Assoziationen vor dem »Mönch am Meer«, Friedrichs eindruckvollstem Gemälde, mit Kosegarten in den Äußerungen der Frauen: »Dies ist die See bei Rügen ... Wo Kosegarten wohnt.«[1]

Wenn wir wieder lernen, die Natur richtig zu sehen, werden wir vielleicht sensibel, wo wir sie zerstören. Der Schiffbruch ist heute weltweit – wieviel Zeit bleibt noch, einfach wieder leben zu lernen?

Ich habe bei der Wiedergabe den Text so belassen, wie ich ihn vorfand, auch mit den Inkonsequenzen in der Rechtschreibung. Der mitunter überschwängliche wuchernde Stil entspringt einer Begeisterung, von der uns heute zweihundert Jahre trennen. Und doch wünschte ich, daß etwas überspringt. Durch Anmerkungen habe ich behutsam versucht, dem heutigen Leser das Hintergrundwissen wieder zu vermitteln. Dabei konnte ich nicht allen Anspielungen und Bezügen im Text nachgehen.

Die Ausgabe der Briefe innerhalb der Rhapsodien von 1794 blieb bildlos. Wenn ich diese Ausgabe mit Bildern des Rügenmalers Heinrich Herrmann (1903–1963) komplettiere, so ist das ein Dankeschön an jenen Künstler, dessen Bilder ich in fast jeder zweiten Familie hier fand. Unermüdlich ging er zum Strand und malte die Küste, das Meer, die Wellen, aber auch die stillen Boddenseiten, dem Realismus verbunden. Er war es,

---

1 C.D. Friedrich in Briefen und Bekenntnissen, hrsg. von S. Hinz, Berlin 1968.

der zuerst den Ausspruch »Künder der Schönheit Rügens« für Kosegarten prägte. Besonders danken möchte ich an dieser Stelle Marga Löber, der Lebensgefährtin Heinrich Herrmanns, die die Kaltnadelradierungen des Künstlers für diese Ausgabe zur Verfügung stellte. Mein Dank gilt auch all denen, die mich zu dieser Arbeit anregten, vor allem dem Germanisten Albrecht Burkhard, der mir vor einem Jahrzehnt den Band der Rhapsodien verehrte, dem Ionosphärenphysiker Johannes Weiß und last not least Götz Ulrich Coblenz. Es ist schön, die Arbeit mit anderen zu teilen.

Die Natur hat sich in diesen 150 Jahren kaum verändert – nun im letzten Jahrzehnt droht neben der Verschmutzung auch noch der »Kahlschlag« durch die Kultur des Massentourismus. Mögen die Menschen doch wieder einfach schauen lernen, ohne die Welt so zu verbrauchen, daß sie nur noch als Konserve über den Bildschirm flimmert.

Altenkirchen, im Mai 1994

Katharina Coblenz

Briefe eines Schiffbrüchigen

Wie diese Briefe dem Herausgeber in die Hände fielen, kann dem Leser gleichgültig seyn. Weniger kann es die Versicherung, daß er für jede darin befindlich topographische, statistische, antiquarische und naturhistorische Notiz, wie für sein Eigenthum, einsteht.

Von Volkern und seine Yseule ist uns übrigens nichts weiter bekannt geworden, als sich dem Leser aus diesen Briefen von selbst offenbaren wird.

***

Am 25sten September 1792.
Dienstag Morgens 8 Uhr.

Und von wannen meinst du wohl, Yseule, daß dein Volker dir diese Zeilen schreibe? – Von Albions[1] gottgeliebten Fluren? Von Vater Thames englischer Name des Flusses Themse getümmelreichem Gestade? Von des magischen Lough Lomond[2] vielbesungenen Ufern? Oder gar schon von jenen braunen Bergen, auf denen Ossians und Malvinens[3] Schatten Arm in Arm lustwan-

---

1 Albion ist ein alter Name für Großbritannien.
2 Dieser große See liegt in Schottland in der Nähe Glasgows.
3 Nach keltischer Sage war Ossian der Sohn des Königs Fingal. Als einzig überlebender der Schlachten zog er als blinder Greis umher und besang das Leid seines Stammes. Malwine war seine

deln im wehmüthigen Mondenschein? – Das freilich versprach ich dir in meinem lezten Schreiben. Aber in der heiligen Wächter Rathe war ein anders beschlossen!

– – Steh auf, Liebe! Hole dir deines Bruders großen Atlas. Sieh zu, daß du Andreas Mayers Karte vom Herzogthum Pommern und von der Insel Rügen drinnen findest. Hast du sie, so schaue hinauf zum obersten nördlichsten Rande derselben. Dort wirst du eine Landspitze finden, neben welcher der Name Arkona stehet. Einen halben Finger breit unter dieser Arkona findest du den Namen Vitte; und abermal einen Fingerbreit unter dieser Vitte den Namen Görn. Wohlan, Beste! in diesem Görn (das hier zur Stelle jedoch eigentlich Goor[1] heisset) sitzet itzt dein Volker – statt des Sofa auf einem Bretschemel – statt des Schreibpultes vor einer mächtigen über zwo Tonnen gestürzten Planke – statt seines Studierzimmers in einer Art von Verliesse, das gegen den Bienenkorb der Kaffern und die Yurte des Kamtschadalen sich wahrhaftig wenig einbilden darf – dessen östliche Lehmwand von den Regengüssen der lezten Tage gänzlich durchgeweicht, alle Augenblicke zu mir hereinzustürzen drohet – an dessen aus der Decke tief herunterspringenden Balken ich mir schon einhalb Dutzend Beulen in die Stirn gelaufen habe – in dessen Ecken eine Horde magrer langbeiniger

---

dichterische Lebengefährtin. Der Schotte James Macpherson übersetzte um 1760 die Sage in freier Weise ins Englische. Kosegarten war ein begeisterter Ossiananhänger.

1 *Das Wort Goor oder Görn bezeichnet in der slavischen Sprache einen Berg, ein Vorgebürge; daher denn auch mehrere gebürgigte Gegenden auf der Insel diesen Namen führen. Auch der Rugard und die berühmte Stubbenkammer hieß vor Zeiten Görn.*

Blick von Zitkow nach Goor und Arkona

halbverhungerter Spinnen (denn keine Mücke oder Fliege verirrt sich in dies Asyl der Selbstverläugnung) ihre bestaubten Gezelte aufgeschlagen hat – aus dessen grünlichen überall geknickten Fensterscheiben aber die allerimposanteste Aussicht sich mir darbeut – die Ostsee, die weißen Dünen der Tromperwiek, und die blauenden Berge des romantischen Jasmund. Auch muß ich dankbar gestehn, daß Hanne Hübnern, meines Wirthes Tochter, all ihren Witz angestrengt hat, ihres Gastes Losament[1] bestmöglichst herauszuputzen. Sie hat den flammigt gefegten Estrich[2] mit schneeweißem Dünen-

---

1 von frz. *logement*, gemietetes Zimmer bzw. Unterkunft
2 hier: fugenloser Fußboden aus Lehm gestampft

sande bestreut. Sie hat über mein Strohlager eine buntgestreifte Decke, nagelneu aus der Mutter Kiste hervorgelangt, geworfen. Sie hat über meinen spannenlangen Spiegel einen gewaltigen Kornblumenkranz gehangen, hat ein gemaltes Glas, dessen eine Seite einen rennenden Sechszehnender, die andere Gustavs des Dritten vergoldeten Namenzug darstellt, vor mein Fenster gepflanzt, und in dasselbe eine ganze Flora von Salbey, Thimian, Rittersporn, bauschender Astern und brennender Lycheis hineingepfropfet.

Wie aber, und durch was für Schicksale ich in dieses Eck der Welt, das so ganz außer meinem Plane liegt, verschlagen worden? – Ja, Beste, den Plan hatten du und ich und dein Bruder gar emsig, gar weislich hinterm warmen Ofen mit einander abgezirkelt. Nur Eins hatten wir dabei in Rechnung zu bringen vergessen – Die Fluten und die Stürme.

– Umarme mich, Geliebte! Fest und innig drücke mich an deinen schlagenden Busen – dein Volker ist gerettet – Du erblassest? Du ringest nach Athem? – Ich sage dir: dein Volker ist gerettet! Ganz sicher und heiter und wohlgemuth sitzt er hier auf dem gebrechlichen Bretschemel, während die mächtigen Bohlen, auf denen er noch gestern stolz die Wogen durchschnitt, in dem nassen Abgrunde schlafen.

– Ich muß hinaus, Liebste – muß des schönen Himmels, und der schönen Erde, und des schönen gräßlichen Elements mich freuen, das noch gestern auf ewig über mich zusammenzuschlagen drohte. Meines Lebens, und meines Lebens süßester Freude – dein, Yseule, muß ich mich freuen im Alle der weiten Schöpfung.

– Nicht lange, so bin ich wieder bei dir!

Vormittags 10 Uhr.

Was das für ein Gefühl ist, das Gefühl, dem itzt zuschnappenden Lindwurm, dem Tode, entsprungen zu seyn! Welchen Hochgeschmack es dem Leben gewähret! wie man des Daseyns Nektar in sich schlürfet mit langen langsamen geizenden Zügen!

Eine gute Weile bin ich umhergeschwärmt oben auf dem hohen Ufer dieses meines Tinian[1]. Dann hab' ich mich niedergeworfen in einen der einsamen Uferschründe, und selig, daseynsselig hineingestaunet in die unermeßliche Wasserfläche, die nun so zahm, so platt, so lockend da liegt, daß ein Säugling Lust bekommen könnte, in ihr herumzuplätschern.

Jezt, Beste, da mein Blut getischt ist, und meine Fibern wieder in gleichmäßigen Schwingungen vibriren, jezt will ich doch zusehn, ob ich die wunderbarliche und abentheuerliche Historia meines Schiffbruchs dir nicht fein nüchtern und ordentlich erzählen könne.

Wie du mein Gekritzel aber lesen wollest, da magst du zusehn. Mein Schreibzeug ist grade so gut und so schlecht, als der Schulmeister des Dörfchens es hat auftreiben können. Das Papier, wie du siehest, ist wenig besser, als Löschpapier. Die Feder hab ich von der ersten besten Gans aus dem Fittig gerupft, und mit einem

---

[1] Diese Insel aus der Inselgruppe der Marianen im Pazifik gelegen entspricht mit 130 km² fast der Größe Wittows.

tüchtigen Brodmesser zugeschnitten. Das Etwas aber, das mir statt der Dinte dienet, ist eigentlich nichts anders, als der verschimmelte und mit einem Aufguß sauren Bieres verdünnte Bodensatz eines Dintenfasses, darin seit Jahr und Tag keine Feder getunkt seyn mag. –

Jezt zur Erzählung! Mein leztes Schreiben wirst du erhalten haben. Ich schrieb es Angesichts des Sundes, und im Begriff, in ihn hineinzusegeln. Das Helsingörsche Felleisen[1] hat ihn mitgenommen.

Mehrere Tage schon lagen wir vor der Enge, harreten sehnlichst auf irgend einen mitleidigen Südwind, der uns aus dem Baltischen Pfuhle in das große heilige Weltmeer trüge. – Itzt, schien es, sollten unsre Wünsche erhört werden. Die ewigen Nordwinde schwiegen. Eine Windstille folgte. Dann regt' es sich aus Westen. Lauter Jubel erscholl von mehr denn hundert Schiffen, die mit uns auf die Durchfahrt lauerten. Die Anker wurden gelichtet; die Wimpel flatterten. Aus hundert Schlünden brüllten wir einander unsere Glückwünsche zu. – Es war ein Leben, ein Regen, ein Wimmeln und Tummeln auf dem unwirthbaren Element, wie Vater Homer[2] es zuweilen schmählet, daß einem das Herz im Leibe lachte.

---

1 Ein Felleisen (volksetymologisch umgebildet aus frz. *valise*) ist eine Art Reisesack bzw. Ranzen. Bei der alten Fahrpost diente es als Behälter für Briefe und Pakete. Demnach lag der Verfasser der Briefe mit dem Schiff vor Helsingör, der Hafenstadt auf Seeland an der Schmalstelle des Sundes.
2 Homer gilt als ältester griechischer Dichter im 8. Jahrhundert v.Chr. Er wirkte als wandernder – späterer Legende nach blinder – Rhapsode = Sänger an den ionischen Fürstenhöfen. Unter seinem Namen sind v.a. die Ilias und Odyssee überliefert. Kosegarten gab selbst vier verdeutschte Gesänge der Odyssee heraus.

Schon befanden wir uns am Eingang der Enge, als – husch! wieder jedes Lüftlein starb. Hoch von dem goldenen Flaggenknaufe schlenkerten die Wimpel leblos nieder. In tausend Falten zusammengeschrumpft schlakkerten die schlaffen Segel. Wie angenagelt lagen wir, ein jedes auf seinem Flecke. Die Ungeduld der Matrosen war unbeschreiblich. Kuhl up, oll Fader[1] riefen sie von Zeit zu Zeit, possirlich-andächtig ihre Mützen lüpfend, und halb flehend, halb pochend gen Himmel blickend. Kuhl up, kuhl up, oll Fader, riefen sie. Aber der alte Vater blieb unerbittlich. – Nur Geduld, Jungens, sagte der Schiffer, ein ältlich gesetzter Mann, der mich immer interessirt hatte; mögt leichtlich der Kühlung noch so viele kriegen, daß ihr vor Abend noch vor Top und Takel jaget. – Es fiel mir auf. ich fragt' ihn, was er damit meine? Wenn nicht, sagt' er, alle Anzeichen mich trügen, so haben wir vor Sonnenuntergang Sturm; und da Sie mir eben nicht recht seefest scheinen, es auch nicht grade Ihres Berufes ist, die Nase in den Wind zu stecken, so thäten Sie am besten, Sie suchten das Trockne. Sprechen Sie und ein Paar meiner Jungens sollen Sie augenblicklich ans Land bringen. – Ich bedachte mich doch ein paar Augenblicke. Nein, sagt' ich dann, können Sie und so viel andre brave Leute ersaufen, so kann ichs auch – und mit dem Ersaufen wirds ja auch nicht so schnell hergehn. – Hartmuth schüttelte den Kopf. – Hastig kam der Schiffsjunge dahergestolpert – »Schiffer, Schiffer! schrie er, die Koye[2] sizt euch da halt schon wieder voller Bauern!« –

---

1 *Kühl' auf, gieb Wind, alter Vater*
2 Schiffsinnenraum

»Donnersjunge, rief jener, was hast du nun schon wieder zu kucken« – »Mein Treu, Schiffer, antwortete Olaf, drangvoll sitz sie euch – lauter dicke Lümmel, in schwarzen Jacken und alle die L–deckel auf der Glatze« – »Halts Maul, Narre!« sagte Hartmuth – und zu mir wendend, »der Wetterjunge sollte mir bald meinen Burschen Angst machen.« Der Verstand stand mir stille. Ich bat ihn, sich zu erklären. »Nicht gern, sagt' er, wiewohl ich weiß, daß die Herren Gelehrten an so 'was nicht glauben. Indessen wahr bleibt wahr. Der Junge da muß ein Sonntagskind, oder gar in den Zwölfen[1] geboren seyn. Genug, er sieht und hört tausenderlei, wovon wir andern Menschenkinder nichts sehn und hören. Mehr denn einmal, und leider immer zu meinem Schaden hab' ich es erfahren. Als ich vorigen Herbst auf Gothland strandete, hatt' er gerade bei so schönem Wetter, wie heute, die selbige Erscheinung, und als nach zweimal vier und zwanzig Stunden, die Kerle, die uns geborgen hatten, in der Kajüte saßen und zechten – Seht Schiffer, Sagt' er da! Just das sind die Kerle, die ich gesehn habe. – Aber Olaf, der ehrliche Olaf mag sich in Acht nehmen. Gar mächtig schwant michs, der arme Olaf habe zum leztenmal spucken gesehn!« – »Wie so?« fragt' ich. – »Ihnen kann ichs wohl sagen, antwortete Hartmuth. Gestern Nacht, als ich in der Koye liege, halb schlafend, halb wachend, hör' ichs zu mir in die Kajüte kommen – es war natürlich Olafs Gang. Aber quutsch! quutsch! ging es, just, wie wenn einer die Stiefeln voll hat – Olaf, schrie

---

[1] Damit ist eine der sog. heiligen 12 Nächte (Rauhnächte) nach Weihnachten, gezählt von der Nacht zum 26. Dezember bis zum 6. Januar, gemeint. Sie wurden im nordischen Heidentum in unheimlicher Verbundenheit mit Tod und neuer Fruchtbarkeit gesehen.

ich, Donnerjunge, was willst du hier? – Aber Olaf lag ruhig auf'm Oberlauf und schlief[1]. Und nun, Herr Volker, lassen Sie sich rathen, und suchen das Trockne, da es noch Zeit ist.« – Ich antwortete scherzend, da er nicht mich, sondern Olaffen habe umgehn hören, so scheine mir für diesmal noch nichts Unheimliches bevorzustehen; uns so wollt' ich immer bleiben.

Ich blieb also, voll Verwunderung über diese befremdende Menschenart, und zugleich – ich kanns nicht läugnen – voll Furcht und Erwartung der Dinge, die da kommen würden.

Es ward Vormittag. Es ward Mittag. Blachstill blieb es. Auch kein Wölkchen trübte den Himmel. Die Matrosen schäkerten und jachterten auf dem Verdecke. Nur Hartmuth blieb ernst und tiefsinnig; ordnete jedoch bald dieses, bald jenes, womit er dem geahndeten Sturme desto besser glaubte begegnen zu können. – Um drei Uhr Nachmittag stieg endlich eine sogenannte moye Kuhlung auf. Ganz leise begann die glatte Oberfläche sich zu kräuseln, begannen die Wimpel zu flattern, die Segel zu schwellen, die Wellen an unserm Kiel zu plätschern. Es bließ aus Westen – dann aus Südwesten – dann wieder aus Westen – itzt umlief es binnen wenig Minuten alle Punkte der Windrose – itzt sezt es sich in Nordwest zum Norden, und eh wirs uns versahn, war die moye Kuhlung angewachsen zum reißenden Sturm. Nun wohl auf, Jungens, rief Hartmuth, es gilt, zog sein Flaschenfutter hervor, und reichte jedem ein paar kräftige Schlucke. – Dein Freund ging nicht leer aus. Wo ist Olaf? rief er. Olaf saß oben im Mars und pfiff. »Wetterjunge, wer hat dich heißen da oben

---

[1] *Diese Schifferfantasieen sind nicht erdichtet.*

seyn?« – »I nun, Schiffer, werdet nur nicht bös. Wollt' nur 'n bissel zusehn, wie das aussähe.« – »Den Augenblick herunter!« Den Augenblick war Olaf bei uns. – Die Segel wurden eingerafft, das einzige Besansegel[1] ausgenommen, mit dem wir vor Wind und Strohm daherjagten, daß Wind und Strohm um uns pfiffen und gischeten. Im Umsehen waren wir auf hohem Meere.

Nach der Logleine[2] zu urtheilen, flog das Schiff itzt alle halbe Stunden eine deutsche Meile. Vorüber flogen nach einander die Küsten von Seeland – Langeland – Bornholm – Möne. Jezt stürmt' es grade aus Norden, eine Stunde nachher aus Nordosten.

Die Sonne ging unter. Fürchterliche Wolkenzüge überflogen den ganzen nachtschwarzen Himmel. Regenguß über Regenguß klatschte, Hagelschauer über Hagelschauer rasselte auf uns herab. Unsrer keiner barg einen trockenen Faden am Leibe. Dabei fror uns, daß uns die Zähne klappten.

Mitten auseinander riß das Besansegel. Unmöglich wars, die Stagsegel[3] beizubringen – die große Rhaa[4] krachte, sprang, stürzte, streifte im Vorbeifahren den armen Olaf und riß ihn mit sich in den Abgrund – *Fare well, fare well, my boy*[5], rief Hartmuth ihm nach, und eine Thräne drängte sich unter den buschigen Wimpern

---

1 Segel, das am Besanmast (dem hinteren Mast) gesetzt wird
2 mit Knoten versehene Leine zur Bestimmung der Fahrtgeschwindigkeit
3 Das Stagsegel wird am Stag, der Verspannung des Mastes nach vorn, gesetzt.
4 Rahe, eine quer am Mast drehbar befestigte Spiere (Rundholz), an der das Rahsegel befestigt wird.
5 *Leb wohl, lieber Junge, leb wohl.*

hervor. – Einige Secunden noch vernahmen wir sein Angstgeschrei. Dann erstummt' es im Brüllen des Sturmes.

»Nun sey Gott uns gnädig, seufzte Hartmuth. Dort liegt Witmund. Und dorten Jasmund.« Es waren zwei hohe Vorgebürge, weißschimmernd in dem eben hervorgleitenden Mondenstrahl. »Frisch, Bursche! Den Buganker ausgebracht.« – Aber das kostete Künste, den Buganker auszubringen. Binnen den wenigen Minuten, da die ganze Mannschaft mit dem Ausbringen des mächtigen Eisenblockes beschäftigt war, trieben wir der Spitze von Witmund so nahe, daß wir jeden nächsten Augenblick zu scheitern fürchten mußten. – Nun froren wir nicht mehr. Wir schwitzten vor Angst und Anstrengung. – Der Anker saß, und das Tau hielt.

Hier lagen wir nun. Hoch über uns thürmte sich der weiße Kreidenflöz des hohen Arkona. Um, und über, und neben uns war alles nachtschwarz. Dann und wann nur rollte der Halbmond blaß und ängstlich hinter den fliegenden Wolken hervor, und verschönerte und vergräßlichte, indem er der Wellen krause Häupter versilberte, die wilde Szene. An dem arbeitenden Taue schlenkerte das Schiff mit fürchterlicher Gewalt izt auf diese, dann auf jene Seite. Nicht möglich war es, sich aufrecht auf ihm zu erhalten. Auch einander zu vernehmen war unmöglich vor dem Heulen des Sturms, dem Klatschen der Brandung, dem Gerassel der Taue, und dem Krachen der Maste und Stangen.

Unsere und des Schiffs Erhaltung hing izt einzig und allein – wenn nicht an einem seidenen Faden, so doch an einem hanfenen Stricke, an jenem Taue des Bugankers nämlich. Inzwischen arbeitete das Tau so gewaltsam in den Kluysen,[1] daß wir jeden Augenblick fürchten mußten, das Tau gesprengt zu sehn, und mitten in die Barren geworfen zu werden. Um dies zu verhindern, und dem Reiben des Taues gegen die Kluyslöcher möglichst abzuhelfen, umwickelten die Matrosen es unermüdlich mit Werg, Hehde, Lumpen und anderm Zeuge. Uebrigens war es ein starkes und neues Schiff, und kein Leck war zu spüren.

Es ward Mitternacht. Der Mond ging unter. Der Sturm ward zwar nicht stärker, aber auch nicht schwächer. Noch immer gossen Ströme von Regen auf uns herab, und eine dicke undurchdringliche Nacht umgab uns auf allen Seiten. Durchnäßt, erstarrt, halbverklommen mochten die Matrosen in der Besorgung des Taues lässiger geworden seyn. Genug, gegen drei Uhr morgens etwa brach es. Dahin schoß unser Schiff und binnen wenig Minuten saßen wir. Es gab einen Stoß, daß ich dachte, Kiel und Stewen[2] und das ganze Gebäude würde in Millionen Splitter auseinanderbersten. Dennoch kamen wir mit gesprungener Haut, und ein paar gebrochenen Steegen davon. Dagegen drang das Wasser izt unwiderstehlich zu uns herein, und verloren wären wir gewesen ohn' alle Rettung, wenn das Leck sich nicht, wie oft geschieht, binnen wenig Minuten von selbst wieder gestopft hätte. Mittlerweile schlugen die

---

1 Klüsen, runde Durchbrüche in der Außenhaut des Schiffes, durch die Ankerketten und Taue laufen.
2 Steven sind hölzerne oder eiserne Balken, die aufrecht oder schräg auf dem Schiffskiel stehen, und den Schiffsrumpf vorn (Vorder-Steven) und hinten (Achter-Steven) begrenzen.

Wellen unaufhörlich über uns hin, und wir standen bis an den Gürtel im Wasser.

Zwei unerträglich Stunden verschlichen schneckenlangsam. Dann graute der Morgen. Wir sahen, daß wir etwa einen guten Flintenschuß vom Ufer lagen. Das Ufer stellte nichts anders dar, als weiße nackende Dünen, jenseit welchen in einer Ferne von einigen Meilen ein hohes waldiges Land emporstieg. Es war die berüchtigte Tromperwiek, in der wir lagen. Die Spitzen von Jasmund und von Wittow, welche beide Länder durch ihre Krümmung diese Wiek oder Bucht bilden, lagen izt in einer beträchtlichen Ferne hinter uns in der See.

Wiewohl wir uns nun dem gewünschten Lande so nahe fanden, so war unsre Errettung doch noch eben so mißlich, wie vorhin. Ans Land waden oder zu schwimmen war bei so hoher und wilder See nicht thunlich. Im Schiffe selbst stieg das Wasser, wiewohl sehr langsam, doch noch immer unaufhaltsam höher. Hunger, Frost, Erschöpfung und Entkräftung reichten allein zu, uns binnen wenig Stunden aufzureiben.

Eine Stunde etwa nach Sonnenaufgang zeigten sich einige Leute am Ufer. Es schienen Bauern zu seyn, oder Fischer. – Sogleich ließ Hartmuth an dem Kranbalken[1] des Schiffes ein viele Faden langes Tau befestigen, und dann in die See werfen. Getreulich führten die Wellen es dem Ufer zu. Aber ach, die zurückkehrende Brandung peitscht' es beinahe eben so weit wieder zurück; als es hingeflossen war: Wir winkten und schrieen den

---

1 überstehender Balken

Leuten zu, sich des Taues zu bemächtigen. Aber keiner ihrer hatte Lust, sich um unsertwillen dem Ersaufen auszusetzen.

Zwei Reuter kamen den Strand heruntergeritten. Es schienen Befehlshaber der anwesenden Leute zu seyn. Sie sprachen mit diesen, sprachen unter einander, sahn uns an. – Ach, dacht' ich, wenn doch unter diesen ein Woltemade wäre! – Aber nein! unbeweglich hielten sie unserm Schiff gegen über, weideten sich an unsern Quaalen, wagten wenigstens nicht den geringsten Versuch, uns zu helfen.

Unfähig, es länger auszuhalten, rathschlagten wir schon, ob wir uns nicht dem lieben Gotte befehlen, über Kopf uns in die Fluthen stürzen, und solchergestalt, es sey nun, durch schleunige Rettung, oder einen noch schleunigeren Tod unserm durchaus länger unerträglichen Zustande ein Ende machen wollten – als, siehe! unser Erlöser erschien.

Ein zweispänniges offenes Fuhrwerk kam den Strand entlang gefahren. Eine Mannsperson saß auf ihm und ein Frauenzimmer. Halt! rief jener, sobald er der jammervollen Szene sich näherte, sprang ab, betrachtete unsere Lage, erkannte die drohende Gefahr, darin wir schwebten, und gerieth in die heftigsten Bewegungen. Wir sahen ihn, wie er dem gaffenden Haufen dringend zuredete; wie er mit den beiden Reutern sich lebhaft, und beinahe zürnend unterhielt; wie er hastig am Ufer auf und abging; die Entfernung zwischen uns und ihm mit begierigem Auge maß; dann gedankenvoll in die Fluthen staunete; dann wieder mit gerungenen Händen und gen Himmel stehenden Blicken am Ufer auf und

Tromper Wiek

niederging. Izt ließ er sein bestes Pferd ausspannen. Dann wandt' er sich, da sein eigner Kutscher zu dem kühnen Schritt etwa zu schwach oder zu furchtsam war, an einen unter dem Haufen, der ihm der entschlossenste scheinen mochte. Lange unterhandelt' er mit ihm. Endlich sahn wir mit unaussprechlicher Freude den Kerl das Pferd besteigen und in die Fluthen reiten. Das Pferd schauderte, schnob, schnarchte. Gleichwohl gehorcht' es den Aufmunterungen seines Reuters. Muthig theilt' es die schäumenden Wogen ... Izt sezt' es durch die donnernde Brandung ... Schon bückte sich der Reuter, um das schwimmende Tau zu erhaschen, als, o Jammer, die zurückkehrende Welle es wieder mit sich fortriß ins Meer, und Roß und Reuter zu ihrer eignen Rettung gezwungen wurden, sich wieder ans Land zurück zu arbeiten. Eine Minute etwa verschnauften sie. Dann wiederholten sie ihren Versuch ... Und zum dritten ... zum fünften ... zum siebentenmal wiederholten sie ihn. Zum siebentenmal erst gelang es dem entschlossenen Reuter, sich des Taues zu bemächtigen, und es mit sich ans Land zu bringen. Ein Jubelgeschrei erscholl auf unserm Schiffe. Ein Jubelgeschrei antwortet' uns vom Ufer. Alles wetteiferte nun, das Uebrige zu thun. Ein Pfahl ward in die Erde gerammt. Das Ende des Taues ward um ihn herumgewunden, und schon sollte der lezte schlingende Knoten zugezogen werden, als das Tau den unvorsichtigen zu hastigen Leuten entschlüpfte, und wieder tief, tief in die See zurückflog. – Da standen die Armseligen, mit offnem Maul und weitoffenen glotzenden Augen. Unser Retter stampfte aus Unwillen. Noch einmal fordert' er den wackern Menschen auf zu einem neuen Ritte – dieser schien keine Lust zu haben. Er wies auf seine triefenden Kleider. Er wies auf das athemlose Pferd. Endlich ließ er sich doch noch zu Einem Versuch bereden – aber auch, wie wir nachher vernahmen, nur zu Einem. Und diesen Einen ließ die gnädige Vorsehung gelingen. Gleich im ersten Griff erhascht' er das Tau, bracht' es ans Ufer; und unser Unbekannter half nun selbst es auf eine solche Weise befestigen, daß kein weiterer Zufall zu besorgen war.

Geschlagen war also die Brücke. Es galt nur noch, sie zu passiren. »Wohl her, Kinder, rief unser Hartmuth, in Gottes Namen! Ich bin der Lezte, das versteht sich! Aber wer will der Erste seyn?« – Sie überließen ihm die Wahl. »Wohlan, Nelson, sprach er, reis' in Gottes Namen!« – Nelson nahm einen Strick, schlang aus dem einen Ende desselben eine laufende Oehse um das Tau;

das andre Ende band er sich um den Leib, bestieg das Tau, umklammerte es mit Händen und Füßen, und rutschte nun das ausgespannte Seil langsam hinab, und erreichte wohlbehalten das Ufer. – Das geht gut, sagte Hartmuth: Nun Herr Volker, allons[1] – Ich bat ihn, mich den Vorletzten seyn zu lassen, und er schüttelte mir herzlich die Hand dafür. – Wilke … Rickmann … Thuro … machten nach einander die nasse Reise, und alle mit eben dem Erfolge, wie Nelson. Nur Prebbert, unser Koch, der in einer Anwandlung plötzlichen Schreckens ohne jene nöthige Vorsicht, vermittelst eines kleineren Strickes sich an dem größern zu befestigen, sich auf das Tau geworfen hatte, ward von den wüthenden Wellen abgespühlt, und verschwand vor unsern Augen – Hartmuth und ich waren izt die einzig Uebrigen. Mit schwerem Herzen umarmt' ich ihn; mit möglichster Sorgfalt bestieg ich das nasse Tau, sandte den allerkräftigsten Stoßseufzer meines Lebens gen Himmel, und begann die mißliche Reise. Mit den steigenden und sinkenden Wogen stieg und sank ich. Izt war ich über, izt unter dem Wasser. Indem ich die Barren erreichte, schleuderte die prellende Brandung mich hoch empor, und nur jenes wohlthätige kleine Seil hinderte, daß ich nicht fortgeführt wurde. Wenige Augenblicke nachher erreicht' ich, zwar athemlos, und einer gebadeten Maus ähnlich, übrigens aber unverletzt und wohlbehalten, das Trockene. Hartmuth war bald bei mir. Gemeinschaftlich sahn wir uns nun nach unserm Erretter um. Aber der war, sobald er unsre Rettung gesichert sah, ganz heimlich und unbemerkt, mit Sack und Pack davon gezogen.

---

1 frz. los, gehn wir!

Katen in Goor

Nichts blieb uns übrig, als uns nach seiner Person zu erkundigen; da wir denn erfuhren, er sey ein Prediger vom Lande Jasmund, und dieses Weges gereist, um einen Anverwandten auf Wittow zu besuchen. – – Aber da trippelt ja so eben mein rothbackiges Hannchen herein, mit einer Schüssel dampfenden Fleisches, und einer Alpe so lieblich duftender Kartoffeln, daß ich der Versuchung und ihrer freundlichen Aufforderung nicht widerstehen kann, mein Schreibpult für eine Weile in einen Speisetisch zu verwandeln. Wenn ich mein einfaches Mahl werde zu mir genommen, und in einer der stillen Uferschlüchte mit einem kleinen Mittagsschläfchen mich werde erfrischt haben, will ich meine Erzählung endigen, Liebe. Weißt du mich doch nun in Sicherheit, und noch dazu meiner Favoritschüssel gegenüber.

Nachmittags 4 Uhr.

Diese Uferschlüchte, meine Gute, die man hiesigen Ortes Liethen[1] nennt, sind wahre Asyle für einen jeden, der das Bedürfnis fühlt, allein zu seyn. Ruhiger, sicherer, ungestöhrter könnte der liebe menschenscheue Jean Jaques[2] weder seiner Peter- noch in seiner Pappelinsel[3] seinen Träumereien nachhängen, als ich es kann in diesen vertraulichen Winkeln. Es sind Erdfälle eigentlich; bewerkstelligt durch die vereinigte Kraft wühlender Fluthen von unten, und erweichender Regenbäche von oben; abgerundet aber vermöge des rastlosen Hanges der Materie, sich dem Zustande absoluter Ruhe mög-

---

1 *Merkwürdig ist es (und ein Beleg mehr zu Brigants, Vallenceys und anderer Behauptung, daß es nur Eine Sprache, so wie nur Ein Alphabeth auf dem Erdboden gebe), daß auch die Einwohner der Pyrenäen mit diesem Worte einen Erdfall oder eine Uferschlucht bezeichnen. Siehe Ramond de Carbonniers meisterhaft beschriebene Reisen in die Pyrenäen.*
2 Gemeint ist der von Kosegarten sehr verehrte französische Schriftsteller Jean-Jacques Rousseau (1712–1778), der das Übel der Welt als eine Folge der Zivilisation zu erkennen glaubte und dagegen den naturhaften Urzustand der Menschheit pries – »zurück zur Natur«.
3 Sein Goor vergleicht Kosegarten hier mit der Kindheits- und Sterbeinsel des verehrten Rousseau. Die Petersinsel, von der Rhône umflossen in Genf gelegen, wurde zum Lieblingsort seiner Kindheit. Auf der Pappelinsel im Schloßpark von Ermonville wurde er wunschgemäß 1778 beigesetzt, wobei man ihm zur Ehre in der Mitte dieses Pappelhains einen Obelisk errichtete. In dem Jahr, da Kosegarten seine »Rhapsodien« herausgibt und die Revolution in Frankreich unter der Schreckensherrschaft Robespierres ihren Höhepunkt erreicht, überführte man am 11.10.1794 die sterblichen Reste von Rousseau ins Pantheon nach Paris. Als Kosegarten diese Briefe schrieb, ruhte er aber noch friedlich auf der Pappelinsel.

lichst zu nähern, in mancherlei sanfte Formen; und durch den leisen Hauch der Vegetation überzogen mit einem dichten Filzgewebe mannichfaltiger Gräser und Moose. Eine der Liethen ist der Hütte, in welcher ich wohne, beinahe grade gegen über. In ihrer Mitte befindet sich eine Art von Brunnen, zu welchem die Mädchen des Dorfes auf einem ziemlich steilen Pfade herunter klimmen und schöpfen. Vor dem Brunnen rechter Hand windet sich ein schmaler Steig das steile Ufer weiter hinunter, und endet in eine zweyte Schlucht, die noch ungleich einsamer und abgeschiedner ist, als die erstere. Diese hab' ich bald anfangs zu meiner Lagerstätte gewählt; und seit ich in einem ihrer Winkel einen Quell entdeckte, der aus dem weißen Sande ganz silbern hervorquirlt, ist sie mir so heilig und lieb, wie nur Horazen seine Blandusia[1] mag gewesen seyn, und Petrarka'n seine Vaucluse[2] Gestärkt durch einen recht wollüstigen Mittagsschlaf, den ich geschlafen habe auf duftendem Quendel in der Nähe meiner lieben Quelle, und erfrischt durch einen Trunk aus ihrem klarsten Gespringe, kehr' ich zu meinem Papier zurück, um dir den Rest meiner Geschichte zu erzählen.

---

[1] Die Oden des römischen Dichters Horaz (Quintus Horatius Flaccus, 65–8 v.Chr.) zählen zu den bedeutendsten Werken europäischer Lyrik. »Blandusia« kann hier nur fehlerhaft für Bandusia, die Nymphe einer Quelle, stehen, die Horaz in der Ode »O fons Bandusiae« besingt (Oden III, 15).

[2] Der italienische Dichter Francesco Petrarca (1304–1374) erweckte v.a. unter den Gebildeten die intensive Beschäftigung mit der klassischen römischen Literatur, in der er das Vorbild für seine Dichtung sah. Mit seiner »Vaucluse« ist die Fontaine de Vaucluse, eine mächtige Karstquelle in dem einsam schönen Waldgebiet bei Avignon in Südfrankreich gemeint, die der Dichter immer wieder aufsuchte und die viel von ihm besungen wurde.

Hartmuth fühlte kaum festen Boden wieder unter sich, als er fragte, weß der Boden wäre? Des Königs! war die Antwort; und sogleich präsentirten sich ihm die beiden Herren zu Rosse, als königliche Pfand- und Pachtträger, die zugleich mit diesem Grund und Boden auch das Recht erpfändet und erpachtet hätten, unser Schiff und Gut ausschließend vor allen zu retten, zu bergen, zu löschen; nebenher freilich auch zu dezimiren, und nach Maasgabe der Umstände auch wohl zu halbiren. Während Hartmuth mit diesen wichtigen Männern in Unterhandlungen begriffen war, die mich herzlich ennuyrten[1], sah ich mich unter dem ehrlichen Landvolke um, und erkundigte mich, ob sie nicht 'was zu essen bei sich hätten, oder wenigstens ein gutes Schlückchen. Sogleich holte der eine seinen Kober[2] herbei, zog einen mächtigen Brocken schwarzen Brodes nebst einem Schnapsfläschgen hervor, und präsentirte mir beides. Ohne Umstände langt' ich zu, und du kannst mir glauben, Yse, es mundete deinem Volker fast so gut, wie die Rahmwaffeln, mit denen du den Abend vor seiner Abreise ihn traktirtest, und wie der Rheinwein, den du ihm einschenktest. – Meine Börse hatt' ich geborgen. Was konnt' ich also wohl angelegentlicheres haben, als allen Brantewein und alle Brodbrokken, die auf dem Platze zu haben waren, zusammenzukaufen, und die Genossen meiner Leiden und Freuden damit zu erquicken. Da standen sie, gossen den edlen Fusel zu ganzen Ströhmen in ihre verschrumpften Eingeweide hinunter, und da die gutherzigen Bauersleute ihnen nun

---

1 von frz. *ennuyer* – langweilen, lästig werden
2 ein durch einen überstülpbaren Deckel verschließbarer Korb, der am Riemen über die Schulter getragen wird

auch ihren Abraham Berg[1] spendirten, so war bald alles Herzleid vergessen.

»Vor Sonnenuntergang, fing Hartmuth jezt an, wird sich der Sturm nicht legen; und vor übermorgen frühe wird dem Schiffe nicht beizukommen seyn. Für heute also und für morgen, Jungens, ist Feiertag. – Auf ins Quartier!« – Das war fröhlich Botschaft. Schiffer und Volk beschlossen, wie billig, in dem nächsten besten Dorf zu bleiben. Mir geneigten die Herren Pfandträger ihre Hausbequemlichkeiten anzubieten. Da ich aber noch einen Zahn auf sie hatte, der Ton ihrer Einladung mir auch ziemlich laulicht klang, so verbat ichs höflichst. »Herr, sprach der Bauer, der mir auf mein ehrlich Gesicht (denn den Beutel hatt' ich damalen noch nicht hervorgezogen) seinen Kober spendirt hatte, ich dächte, er quartire sich bei unserm Pastor ein.« – Nun weißt du, Liebe, daß ich zu der Gastfreiheit und christlichen Liebe derer Herren, die diese Tugenden predigen, mein Tage kein recht starkes Zutrauen hatte. Ich nahm also auch diesmal von des Bauern Vorschlag keine Notiz, sondern fragte ihn, wo er, er selber wohne? »Drüben, sprach er, in den Häusern, die dort das Ufer herübergucken.« – Ich schaute hin. Das Ufer war jäh; Arkonas Kreidewand in der Nähe; die Lage stand mir an. »Freund, sagt' ich, könnte er mir wohl Quartier geben?« – »Warum nicht, wenn der Herr sich hat behelfen gelernt!« – Richtig war der Handel. Ich umarmte meinen wackern Hartmuth, schüttelte den Jungen die Hand, machte den Herren zu Roß meinen Bückling, und schlenderte rasch hinter Hans Hübnern drein. Das Ufer krümmte sich mächtiger, als ich mirs vorgestellt hatte; mithin

---

[1] *Der gemeinste Taback in diesen Gegenden.*

Schiffe in der Schaabe

verlängerte der Weg sich über meine Erwartung, und ward auf die Länge mir herzlich sauer. Erst gegen Mittag langten wir an. Hübners Hausfrau, ein garstiges, übrigens gar freundliches Mütterchen, wunderte sich höchlich über den nassen Gast, den ihr Hans ihr mitgebracht hatte. Dem raschen Hannchen war es aber eben recht. Mit holder Freundlichkeit fragte sie, was dem fremden Herrn beliebe? – »Nichts, Kinder, sagt' ich, nichts in der Welt, als 'was Trocknes auf dem Leibe, und 'was Warmes drinnen.« Sogleich schloß Mütterchen ihre Kiste auf, und zog hervor: ein paar leinene Hosen; ein kalmankenes Kamisol,[1] schimmernd mit allen Farben des Regenbogens; und ihres Hansen Staats- und Sonntagsrock, dessen größte Pracht

---

1 kurzes Wams, Unterjacke

in einer bis zum Saum hinunter laufenden Reihe kleiner zinnerner Knöpfe bestand. Ich ließ mir noch ein grobes reines Hemde dazu geben; Mütterchen und Mütterchens Hanne entfernten sich, und binnen wenig Minuten erschien ich in einem Kostüm, darinnen du, Liebe, mich einstens sehen sollst. Denn ich habe Hübnern die ganze Bescherung abgekauft; den blauen Sonntagsrock ausgenommen, den er nicht missen wollte, weil er mit seiner Mieke darin vor der Traue gestanden.

Während ich meine Toilette machte, beschickten die Frauen die Küche. Ich aß, wie der Homerschen Helden einer, trank einen tapfern Schluck dazu, und warf, wie ich ging und stand auf meiner Streu mich nieder, auf welcher Mutter Hübnern mich sorglich zudeckte. Weich, wie kein Eiderdunenbette, war mein Strohlager. Schnell entschlief ich. Eisern war mein sechszehnstündiger Schlaf; süß über alle Beschreibung mein Erwachen.

Sechs Uhr frühe mocht' es seyn, als ich die Augen aufschlug. Eine Glorie von Licht strömte mir entgegen. Im Golde der aufgegangenen Sonne brannten Estrich, Decke und Wände meines ärmlichen Zimmers. Gestärkt fühlt' ich mich in jeder Faser; gestählt in jeder Muskel; in jeder Ader kochte, in jeder Nerve zitterte zwiefaches glühendes Leben. Auf sprang ich, und öffnete mein Fenster. Da flammte Gottes majestätische Sonne mir entgegen ... groß, herrlich, feierlich ... stillruhend ihre glutrothe Scheibe auf dem düsterblauen Meere. – Die Stürme waren hinübergezogen. Die See glatt, wie Oel. Der Himmel ein gegossener Spiegel. Wie elektrischer Strahl durchzuckte mich die Wonne des Seyns, die Süßigkeit des Lebens, das überschwenglich köstliche Gefühl, daß ich noch sähe, hörte, empfände, dächte, liebte. – Unwillkürlich bogen sich meine Knie – doch dies Gefühl ist zu heilig, um ausgesprochen zu werden.

Mittwoch Abends den 26sten.

Ich bin hingewesen, unser Schiff zu sehn. Die Fluth ist abgelaufen, und es steht fast auf dem Trocknen. Hartmuth sagt, es sey wenig beschädigt, und hofft, es bald wieder abzubringen. Geladen hatten wir nichts, denn Ballast, und da die Haverey den Versicherern zur last fällt, so ist sein Verlust unbedeutend. – Meine kleinen Habseligkeiten sind freilich so gut, wie heidi! Einen Theil haben die ehrlichen Leute des Landes sich belieben lassen; und ein andrer ist vom Seewasser so verdorben, daß ich ihn schwerlich wieder werde brauchen können. – Immerhin! wenn ich nur ein paar Anzüge Wäsche rette, die deine lieben Hände für mich verfertigt haben, Yse – und dann meinen schönen Ayscouphschen Shakespear.[1] Mit hergetragen hatte ich ihn freilich; wie auch einen Aeschylus,[2] und eine Kritik der Urtheilskraft.[3] Sie sind aber dermaßen zergangen und zerflossen, daß ich fast verzweifle sie zu retten.

---

1 *Diese Ausgabe enthält alle 36 Schauspiele Shakespears, und noch ein Glossarium oben drein in einem einzigen Oktavbande.*
2 Aeschylus ist die lateinische Form zu Aischylos (525–456 v.Chr.), dem großen griechischen Tragödiendichter in Athen.
3 Die »Kritik der Urteilskraft« von 1790 ist das dritte Hauptwerk des deutschen Philosophen Immanuel Kant (1724–1804), in dem er versucht, die Grenzen denkender Erkenntnis abzustecken. 1781 erschien die »Kritik der reinen Vernunft«, 1788 die »Kritik der praktischen Vernunft«. Natürlich wurden sie von Kosegarten aufgenommen.

Haben Sie Lust, sagt Hartmuth, während wir auf dem Verdecke unsers Schiffes herumspazierten, Olafs Bauern zu sehn? – ich folgte ihm in die Kajüte, und da saßen sie, »lauter dicke Lümmel in schwarzen Jacken, und die L-deckel auf der Glatze.« Es ist doch sonderbar, Bruder Edward[1] nicht wahr?

Uebrigens hat des ehrlichen Olaf Leichnam sich zur Zeit noch eben so wenig wiedergefunden, wie jener des unglücklichen Prebbert. Unsre Schiffsgesellschaft bekümmerte das sehr. Ich wüßte nicht, weswegen? Das schöne große weite Meer däucht mich wohl eine so heilige Ruhestätte, wie der geweihteste Kirchhof in der Christenheit. – Ulysses und Aeneas Reisegefährten inzwischen dachten wie die meinigen.

Freitag Abends den 28sten.

Ein herziges harmloses Leben führ' ich in diesem Pathmos[2]. Mit der Sonne steh ich auf ... gehe zu meinem Quell, und schöpfe mir aus ihm meinen Kaffee ... lasse dann von Hanne Hübnern mir eine tüchtige Butterschnitte reichen, die ich, auf dem hohen Gestade, hin und her spazierend, verzehre. Dann versteck' ich mich in meiner Grotte ... lese dort in Shakespear oder Aeschylos (denn zur Noth sind sie wieder lesbar geworden) ... steig' an den Strand hinab, und sammle Petrefacten ... geh zu Hause, um Vater Hübnern ausspannen,

---

1 *Yseulens Bruder, wie es scheint.*
2 Patmos. Diese kleine Felseninsel im Ägäischen Meer wurde zum Verbannungsort des Verfassers der Apokalypse. Hier schaut der verfolgte Johannes seine Vision vom Ende der Welt.

Stranddistel

oder seiner Mieke Holz spalten zu helfen ... speise ... schwärme weit und breit auf dem ganzen Eilande umher ... setze mich, da die Abende izt schon länger werden, nach dem Nachtessen in Vater Hübners Großvaterstuhl, der gar nicht begreifen kann, wie ich, ein Seemann und ein Gelehrter, nicht einmal ein Pfeifchen mit ihm zu schmauchen verstehe, und verplaudere mit diesen schlichten gutmüthigen abergläubigen Leuten eine oder zwei Stunden; worauf ich harmlos und vorwurflos auf meine Streu mich strecke, und eben so flugs und fröhlich einschlafe, wie weiland Doktor Martin,[1] wenn er Tags vorher mit dem Antichrist oder der großen Babylonischen Hure[2] eine Lanze gebrochen hatte.

Einen Zug aus unsern Gesprächen von heut Abend muß ich euch doch noch erzählen, meine Guten. Indem ich den ehrlichen Leuten nun wohl schon zum zehntenmal die Geschichte meines Schiffbruchs erzählte, versicherte Vater Hübner mich mit großer Ernsthaftigkeit, und nahm seine Frau und seine Tochter deshalb zu Zeugen, daß er schon vor acht Tagen gewußt, wie unser Schiff auf den Strand laufen würde. Und wie denn? fragt' ich. Ja, sagte der Altvater, ich habe es wafeln sehn. Ich ließ mir das erklären, und vernahm zu meiner großen Erbauung, daß auf diesem zweifelsohne verwünsch-

---

[1] So nennt er den Reformator Martin Luther, aus dessen Abendsegen er die letzten Worte zitiert.
[2] Beide Gestalten kommen in der Bibel als Weltverführer und -zerstörer vor (Apk. 17, 1 und 2. Joh.). Luther sah als Antichrist – den Widersacher Gottes auf Erden – die römische Kurie, die sich durch Geld und Macht bestechen ließ. Als *babylonische Hure* haben die Propheten schon die Eroberer Israels, die Babylonier, bezeichnet. Luther wandte diesen Begriff auf die moralische Verkommenheit des Papsttums im Mittelalter an.

ten und verzauberten Lande die Schiffe ordentlich vorher spucken, und ganz, wie sie leiben und leben, sich sehen lassen, ehe sie in natura auflaufen. Meine Leute glaubten das so fest, und wußten von diesem Gewafel mir so viel wunderbare, und ihrer Meinung nach ganz unbezweifelbare Geschichten zu erzählen, daß sie in Professor Hennings Buche von den Ahndungen und Visionen leichtlich ein eigenes Kapitel verdienten.[1]

Sonnabend den 29sten.

Izt, da ich das Land in der Länge und Queere durchstreift bin, und über dieses und jenes mich bei einem oder andern sachkundigen Manne Raths erholet habe; izt will ich Ihnen, lieber Edward von seiner natürlichen und moralischen Beschaffenheit einige Nachricht geben.

Wittow ist das nördlichste Land in Deutschland. Es hängt vermittelst der sogenannten schmalen Hayde (eben jenes Landstrichs, an welchem wir gestrandet sind) mit der Halbinsel Jasmund, und vermittelst dieser

---

[1] *Der Glaube an dieses Wafeln oder Umgehn der Schiffe ist in unsern an Schiffbrüchen so reichen Gegenden ganz allgemein. Ich habe mich sorgfältig darnach erkundigt und vernehme, daß die verunglückenden Schiffe an dem Orte, wo sie verunglücken werden, einige Tage oder Wochen vorher bei Nachtzeit erscheinen, und zwar wie dunkle Luftgebilde, deren Figur aber alle Theile des Schiffs, Rumpf, Tauwerk, Maste, Segel in einem blassen Feuer getreulich darstellt. – Es wafeln indessen nicht bloß Schiffe, sondern auch Menschen, die ertrinken werden, Häuser, die abbrennen werden u. dergl. Dem Namen und dem Ursprunge dieser allerseltsamsten Art des Aberglaubens hab' ich bis jezt noch nicht auf die Spur kommen können.*

und einer zwoten Landenge, die man die Prora nennt, mit dem größern Lande Rügen zusammen. Unter dem Namen Wittow kommt es zuerst bei Saxo dem Grammattiker vor, welcher dieses Land bei Gelegenheit des Dänischen Feldzugs wider die Feste Arkona im Jahr 1168 selbst bereiste und beschrieb. Er beschreibt es aber als ein ringsumflossenes Land,[1] so daß die schmale Hayde, die freilich aus bloßem angeschwemmten Sande bestehet, erst seit seiner Zeit entstanden seyn müßte.

Ueber den Ursprung des Namens Wittow sind die Ethymologen uneins, wie immer. Die einen leiten ihn von den weißen Kreideufern des Landes her; die andern von dem heiligen Vitus[2] welchem Kaiser Lotharius dieses Land im neunten Jahrhundert verehrte. Wieder andre meinen, Wittow sey so viel, als Witt-au, eine weiße oder gute Aue; und wirklich sind witt (weiß) und gut noch heutigen Tages bei den Einwohnern Synonimen. Min lewe witte Herr! ist die gewöhnliche Cajolerie,[3] mit welcher ich auf meinen Streifereien mich ansprechen höre.

---

1 *Insula Archonensis, quae Withova dicitue, a Rugiae complexa, parvula freti interrivatione, quae vix fluminis magnitudinem aequare videatur, abrumpitur. L. XIV, Sect. 4.*
2 Sankt Veit – Vitus (Martyrium um 305) soll sich schon von Kindheit an zu Christus bekannt und allen Folterungen widerstanden haben. Seine sterblichen Überreste wurden schließlich im Jahre 836 als Reliquie dem berühmten Kloster Corvey an der Weser geschenkt, das in der Folgezeit zum Zentrum der Vitus-Verehrung wurde. Von hier sollen Mönche zum Missionieren nach Rügen gekommen sein. Die Schenkungsurkunde des Kaisers Lothar ... erwies sich aber als Fälschung.
3 frz. für Liebkosung

Fischerboote in Vitt

Die gegenwärtigen Einwohner sind ein gemengtes Ueberbleibsel von den mannichfaltigen Völkerstämmen, die sich nach und nach in diesen und den benachbarten Inseln ansiedelten; von Teutonen,[1] den Aborigenen[2] des Landes, die vermuthlich aus des weitläuftigen Scythiens fast unbestimmbaren Grenzen einwanderten; von Suevo-Wandalen, die zu den Zeiten des Tacitus in diesen Gegenden saßen; von Rugianern, die zu den Zeiten der Völkerwanderung von der Weichsel und Oder her in diese Insel rückten; von Slaven, die im sechsten Jahrhundert den Ruganiern nachdrängten, und in den Gegenden, die die Wuth des Auswanderns beinah in Wüsten verwandelt hatte, auf eine friedliche

---

1 Die Teutonen waren ein westgermanisches Volk, das nach zahlreichen Kämpfen mit den Römern 102 v.Chr. geschlagen wurde.
2 Aborigenes, Ureinwohner

Art sich niederließen; von Sächsischen Kolonisten, die zu Ende des zwölften Jahrhunderts ins Land gezogen wurden, und von denen fast alle adeligen Familien des Landes abstammen: – Von dem so verschiedenartigen Karakter, den Sitten, Meinungen und dem Aberglauben dieser mannichfaltigen Völker finden sich noch häufig Spuren unter dem Volke; so wie von ihren unterschiedlichen Sprachen sowohl in den Patois[1] des gemeinen Mannes, als in den eigenthümlichen Namen der Länder, Berge, Ufer, Dörfer und selbst der Familien.[2]

Die jetzige Zahl der Einwohner beträgt gegen dreitausend. Von diesen dreitausenden sind höchstens nur vierhundert freie Personen. Die übrigen drittehalbtausend sind – Sachen, Mobilien so zu sagen, die mit der Erdschol-

---

1 frz. *patois* von lat. *pagus*, gemeine oder platte Landes- oder Volkssprache
2 *Bei weitem die meisten Namen sind indessen Slavisch – ein Beweiß, wie vieles Verdienst dem friedlichen, fleißigen und sinnreichen Volke der Slaven um den Anbau des Landes gebührt. Bis auf einige wenige in den neuesten Zeiten angelegte Gehöfte, verdanken alle übrigen Dörfer und Ortschaften ihnen ihren Ursprung; wie die Roschillische Matrikel, die bald nach Arkonens Zerstörung ausgefertigt wurde, ausweist. Sie theilt das Land in zwei Kirchspiele, die es noch enthält, und zählt folgende Dörfer zu ihnen; zu Medow oder Wiek: Dranseghe, Ghotze, Lanke, Starsevitze, Trepsitz, Gramtitze, Varnevitz, Baantze, Ganselitze, Lüttekevitze, Conentop, Woldenevitze, Malmevitze, Parchow, Svantewitze, Lützitze, Krakevitze, Bulendorp, Vansenevitze, Veygervitze, Sürkevitze. Zum Kirchspiel Oldenkerke: Mornevitze, Ghudavitze, Susitze, Swarbe, Matzhowe, Varnkevitz, Panderiz, Lüttenitze, Putgarde, Ghure, Nobbyn, Karsevitze, Sülitze, Rydervitze, Wollyn, Brisanzeke, Drewolke, Breghe, Banssenebitze, Lobkevitze. Alle diese Namen, einen und andern ausgenommen, sind Slavisch, und noch heutiges Tages, mit ganz unbedeutenden Abänderungen, gebräuchlich.*

le, auf der sie geboren wurden, verkauft, vertauscht, verspielt oder verpfändet werden, und keine andre Aussicht haben, als den Boden, dem sie einmal angehören, zeitlebens für andre zu bauen, und mit ihrer Asche ihn endlich zu düngen. Die Krone inzwischen beginnt seit einiger Zeit, das Schicksal ihrer Angehörigen auf das kräftigste zu mildern. Sie zertheilt die großen Domanialgüter in mehrere kleinere Parzelen. Sie entläßt dem Bauersmann die herabwürdigendste und niederschlagendste Art der Unter drückung, die Frohne. Sie erlaubt ihm, sein Geschäft und Feld selbst zu pachten, ermuntert solchergestalt seine Betriebsamkeit, sichert sein Eigenthum, und erhöht sowohl sein häusliches als moralisches Wohlbefinden. Einzelne Güterbesitzer, fahren dagegen noch immer fort, dem entgegengesezten, dem Staate nicht minder als den Individuen so schädlichen Systeme zu folgen; entsetzen den Bauern seiner Wehre, schleifen ganze Dorfschaften, errichten auf den ächzenden Laren[1] derselben staatliche Höfe, und genießen dann der hohen Wollust des verwüstenden Engels in der Messiade[2] der Wollust – sich umzusehn![3]

---

1   Die Laren waren altrömische Hausgötter.
2   Bezeichnung für Friedrich Gottlieb Klopstocks (1734–1803) Epos »Der Messias«, in dem er in expressionistisch barocken Bildern die Leidensgeschichte des Messias verdichtet. Kosegarten las alles von Klopstock und bei seinen ersten Gedichten ist eine gewisse Nähe zum Vorbild zu spüren.
3   *Noch in diesem Jahre haben die Administratoren des St. Annen und Brigittenklosters in Stralsund zwei jenem pio corpori zugehörige Bauernwehren in dem Dorfe Drewoldke, zu gunsten eines benachbarten größeren Pachtgutes, geschleift. Umsonst erboten die Bauern sich, das Kloster völlig schadlos zu halten. Umsonst verwandten sich mehrere angesehene Männer für sie. Umsonst wagt' ichs selbst, durch das Flehen meiner Beichtkinder gedrun-*

Bleiben wir indeß bei weniger invidiösen Gegenständen! – Wittows Flächenhalt mag höchstens anderthalb gevierte Meilen betragen. In Osten und Norden hebt sich das Land mehrere hundert Fuß, in Süden und Westen kaum dreißig bis fünfzig über den Spiegel der Ostsee. Boden und Luft sind kälter, als man nach dieser unbeträchtlichen Erhebung und nach der geringen Breite vermuthen sollte, und sind durch die Ausrottung der Wälder, die nach den Volkssagen sowohl, als nach einigen uralten Schenkungsbriefen, die nordöstliche Spitze des Landes bedeckten, ohne Zweifel noch mehr abgekältet worden. Gegenwärtig ist das Land von Hölzungen durchaus entblößt. Einzeln findet man noch wohl eine Espe, eine Pappel, oder Abele neben den Gehöften stehen; Buchen, Linden, Eichen aber nirgends. Auch die Fruchtbäume, selbst die so nützliche Weide, gedeihen äußerst selten; gehn in den ersten Jahren wieder aus, oder verkrüppeln bald anfangs, und bleiben Krüppel zeitlebens.

Zum Ersatz für diesen Mangel hat das Land einen sehr ergiebigen Kornboden. Die Erndte ist so eben vollendet. Ich habe also des Anblicks verfehlt, den diese weiten fruchtbaren Fluren, die äußerst selten durch eine irgend beträchtliche Höhe unterbrochen sind, dem

---

gen, eine Fürbitte für sie einzulegen. Weit entfernt, daß auf meine, gewiß des Aufmerkens nicht unwerthe, Vorstellung die geringste Rücksicht genommen wäre, hat man mich nicht einmal einer beantwortenden Zeile gewürdigt[+) mich, dem noch nie ein König, ein Fürst, ein wahrhaftig Großer und Edler unsers Volkes eine Antwort schuldig blieb.
[+) Diesmal so wenig, als in einem früheren, noch ungleich dringenderen Falle.

Windflüchter an der Schaabe

Auge in den schönen Sommermonaten gewähren müssen. Die Miethen,[1] sind indessen Zeugen von dem Reichthume des diesjährigen Einschnitts. In der That versendet das kleine Ländchen, dessen saadige Aecker gewiß noch lange keine Quadratmeile betragen, ein Jahr ins andre gerechnet, nicht weniger denn tausend Lasten allerlei Korns. Die Felder liegen gewöhnlich in sechs Schlägen. Das erste Jahr säet man Weizen und Roggen; das zweite Gerste; das dritte Erbsen; das vierte wieder Gerste; das fünfte Hafer und gemengtes Korn; das sechste ruhet das Land, oder trägt Wicken, die jedoch grün

---

[1] *Garbenhaufen, die man aus Mangel des Raumes unter freiem Himmel kegelförmig aufführt.*

abgetüdert werden. Im Durchschnitt erndtet man das achte Korn. Der Weizen giebt gewöhnlich das zehnte und zwölfte; seltner das sechzehnte und zwanzigste.

Auch dem flüchtigsten Beobachter drängt sich die Ueberzeugung entgegen, daß Wittow, wie ohne Zweifel auch Jasmund, ganz Rügen, und dieser ganze kleine Inselhaufe, ein späteres angeschwemmtes Land sey. Alles zeugt davon; die Ordnung der Erdlagen; die Gestalt des Gerölles; die horizontalen Uferschichten; die Menge der Petrefacte[1]; die gänzliche Abwesenheit des Urfelsen und aller Minern.[2]

Die Erdlagen wechseln, wie Sie erwarten werden. Zu oberst Garten- und Dammerde, das Produkt zerstörter Vegetabilien und organisirter Körper. Sie streicht in Süden und Westen mehrere Fuß, an den nördlichen und östlichen Gestaden nur einige Zoll tief. Unter ihr folgen der Thon, der Lehm, der Mergel und ähnliche aus Feldspath und aufgelößtem Granit zusammengeschlemmte Materien, bis in eine noch unbestimmte Tiefe. Der Sand der Dünen ist zerriebener Quarz. Der Sand des westlichen Strandes besteht aus Muscheltrümmern und einem grobkörnigten Quarzkiese. Arkona hält Kreide, aber von der unreinsten Art.

Geschiebe und Gerölle durchsetzen den solchergestalt gebildeten Boden allenthalben; und so viele Millionen Granitblöcke und Quarztrümmer die Betriebsamkeit der Menschen auch gesprengt, versenkt, verbaut, in

---

1 Auch Kosegarten war ein unermüdlicher Sammler von Petrefakten, d.h. Fossilien bzw. Versteinerungen.
2 Minern scheint eine Kosegartensche Kurzform für Mineralien zu sein.

Garten und Ackermauern aufgethürmt hat, so ist der nordöstliche Theil des Landes doch noch immer von ihnen so zu sagen übersäet. Die meisten, können Sie denken, sind Granite, Quarze, Feldspathe; seltner sind Hornblenden, Schörle, Breccien; Basaltproben hab' ich überall nicht gefunden – gestern fand ich einen Blutstein. Die abgerundete abgeschliffene Gestalt dieser Felsentrümmer zeigt, welch einen weiten Weg sie durch die Gewalt mächtiger, von unbestimmbaren Höhen ohne Zweifel herunterbrausender Gewässer über einander müssen hergewelzet seyn; von den Sudeten etwa, oder von Schwedens Gebürgen. – An einheimischen Produkten glaub' ich nur eins gefunden zu haben – den Feuerstein. Ueberall durchsezt dieser den Boden, bildet in den Kreideufern itzt weitläufige Nester; itzt wasserrecht streichende Schichten; unten am Fuße der Ufer liegt er aufgethürmt in erstaunlicher Menge. Nichts gerolltes, gewelztes, gerundetes ist an ihm zu erkennen. In rauhen eckigten Massen, in den allerbarockesten Figuren liegt er da, ganz und roh, wie die Natur ihn scheint erschaffen zu haben.

Petrefacte sind überall. Folgende hab' ich bis itzt gefunden: Echiniten, runde, ovale, herzförmige, von der Größe einer geballten Faust bis zur Größe einer Haselnuß; Judennadeln; Warzensteine; Vermiculiten; Enkriniten; Trochiten; Entrochiten; Sternsteine; Sternsäulensteine, Pecktiniten; Pektunkuliten; Chamiten; Belemniten in Menge; Gryphiten in noch größerer; Turbiniten; Tubuliten in einem rothen Kalksteine, der von Gothland, wo er häufig seyn soll, herzustammen scheint; Madreporiten, Milleporiten, Fungiten, Ceratophyten.

Alle diese so mannichfaltigen Steinkerne sind durchweg reiner gediegener Feuerstein, und was meynen Sie, lieber Edward, sollte nicht der Feuerstein überhaupt animalischen Ursprungs seyn? Sollte jene Gallerte, in welche das Schalenthier nach dem Tode zerfließt, nicht die Kraft haben, den Sand zu kütten; das Phlogiston, das in ihm enthalten ist, jene, die Erde zu verhärten, und solchergestalt nach und nach den festen Steinkern zu bilden? Woher sonst jene Nester, jene Schichten von Feuerstein in den Kreiden- und Kalkflözen so vieler Länder? Sollen auch diese hergewälzt seyn, wie die Granite, die Quarze, die Feldspathe? Ihre durchaus heterogene Figuren widerstreiten ihm. Sie müssen sich also noch an ihrer Geburtsstätte befinden. Und was hinderts dann, anzunehmen, daß die Kreide, der man ihren animalischen Ursprung noch nicht hat rauben können, den Feuerstein bilde, und in ihn übergehe? Jenes Axiom etwa der Mineralogen, daß eine reine Erde nicht übergehe in die andre? – Und ist denn diese Behauptung nicht mehr Postulat, denn Axiom? Und wissen wir schon, daß nur sogenannte reine Erde absolut rein, daß sie schon elementarisch sey? – Und ist das System der Uebergänge widerlegt dadurch, daß man es persiflirte? – Ist doch überall in der Natur ein ewiges Uebergehn, Zersetzen, Verkütten, Verwittern, Präcipitiren, Krystallisiren, Amalgamiren u.s.w.! Gehet doch der Jaspis in Thon über, und die Steinkohle in Schiefer! Hat man doch schon Holz gefunden, das in wahren Quarz verwandelt wurde; und ein neuerer Mineraloge auf diesem Fund die verwegene Hypothese gebaut, daß der vermeinte Urfels, der Quarz selber, animalischen Ursprungs sey.

Das Fischerdorf Vitt

Sonntag Abend d. 30sten.

Eine ganz eigne Ueberraschung hatt' ich heute.

Meiner Weise nach ging ich heute Mittag am Ufer spazieren. Das Wetter war, wie ich's gerne habe; lau, linde; der Himmel bedeckt. Verloren in Gedanken mancher Art wandert' ich immer stracks vor mir hin, grade auf die nordöstliche Landspitze zu. Mittlerweile senkten sich die Wolken, und es fing an zu regnen. Ich ließ mich das nicht anfechten; ging, da dem Naßwerden nun doch einmal nicht mehr zu entrinnen war, langsam vorwärts, stieg eine etwas höhere Uferspitze hinan, und sah mit einmal tief unter mir eine geräumige, vielfach gewundene Uferschlucht liegen, und innerhalb derselben etwa ein Dutzend Hütten, kleinere und größere.

Zwischen den Hütten irrte eine größere Anzahl Menschen herum, als dem kleinen Dörfchen allein schien zugehören zu können. Alle waren sonntäglich gekleidet, und alle drängten in eine der geräumigeren Hütten hinein. Neugierig, die Ursache dieses unerwarteten Zusammenflusses zu ergründen, stieg ich eiligst hinab, und folgte dem Gedränge in die Hütte. Diese fand ich bereits gepfropft voll Menschen, Männern und Frauen, deren einige standen, die meisten aber auf einer Reihe Bänke gedrängt da saßen. Noch begriff ich nicht, was hier beginnen sollte, als mit einmal ein einzelner schwarzgekleideter Mann, in einem hellen Tenor das Lied anstimmte: O Gott, von dem wir alles haben ... Die Gemeine fiel ein – die Schuppen fielen mir von den Augen, und ich entdeckte neben jenem Sänger itzt noch einen Schwarzrock, einen schmächtigen blassen Mann mit schlicht niedergekämmten Haaren. Ich fragte den nächsten besten Nachbar, wer der schwarze Herr sey. Er wunderte sich höchlich, daß ich ihren Herrn Pastor Finster nicht einmal kenne. – »Und wird denn der Herr Pastor hier auch itzt etwa predigen?« – »Was sonst!« erwiederte mein Krauskopf trotzig, drehte sich von mir, und sputete sich, die voreilende Gemeine wieder einzuholen. – Ich drückte mich demüthig in meinen Winkel, und hörte zu. – Rührender, meine Liebe hat der Gesang einer Gemeine mir noch nie geschollen, als in dieser Hütte. Es war so eng um uns her, und so vertraulich. Wir waren so zusammengepreßt, und so eingeschlossen. Das wenige Licht, das zu der meerwärts geöffneten Thüre hereinglitt, erleuchtete nur sparsam die schwarzgeräucherten Wände, die Netze, Reusen, Maschen und andre Fischergeräthe, die über unsre Köpfe hingen, und die Reihen singender Männer und Frauen, die alle da saßen mit einem Ausdruck ungewöhnlicher Andacht. Das Ganze athmete eine Ruhe, Einfalt, Herzlichkeit und Traulichkeit, die mich zurück versetze in die Jahrhunderte der ältesten Kirche ... Nachdem das Lied geendigt, ein Psalm verlesen, und nun der sogenannte Hauptgesang gesungen war, erhub sich Pastor Finster. Mit einer dumpfen, etwas zerquetschten Stimme, die jedoch vermittelst der lauschenden Stille umher ziemlich vernehmlich war, hub er an aus tiefer Brust, und wie mich däuchte, aus vollem Herzen: »Großer und guter Vater, wir beten dich an in dieser stillen Hütte. Des Armen Hütte ist dir so lieb, wie der Großen Pallast. Das Lallen der Unmündigen ist köstlich vor dir, wie der Chorgesang versammelter Gemeinen. O so schaue dann mit Wohlgefallen herab auf unser kleines Häuflein. Segne die Bewohner dieser friedlichen Hütten. Segne sie in ihrem Berufe und Gewerbe. Segne sie in ihrem Ehestande und in ihrer Kinderzucht. Segne alle, die mich heute hören! Segne auch mich, guter Vater, Amen.« – Nach diesem Eingange erzählt' er seinen Zuhörern, wie er darauf gerechnet, heute im schönen freien weiten Naturtempel Gottes mit ihnen zu reden; und sich also eigentlich darauf vorbereitet habe, ihnen des guten himmlischen Vaters Weisheit und Güte aus einigen seiner Naturveranstaltungen begreiflich zu machen; da der Regen sie aber unvermuthet in diesen engern Raum gejaget habe, so woll' er jenen Vortrag für eine gelegenere Zeit sparen, und für diesmal mit ihnen von Tugenden reden, welche den Einwohnern der Hütten am meisten geziemten, und solchen das Leben am meisten versüßeten. Und nun sprach er nacheinander von der Häuslichkeit, von der Reinlichkeit, von der Arbeitsamkeit, von der Eintracht, von ehlicher, älterlicher und nachbarlicher Liebe, und von der Gottesfurcht, der Krone von allem. Er zeigte, wie diese Tugenden grade in den Hütten am besten gediehen, und am leichtesten auszuüben wären; und mich däuchte, ich sah es den heiteren Angesichten mehrerer Zuhörer an, wie lieb ihre ärmlichen Hütten ihnen in diesem Augenblick waren. Meine eigene Hüttenliebe hat wirklich auch durch diese Predigt gewonnen, und ich wollte wohl wetten, daß dieser Pastor Finster ein Mann ist, mit dem ich in mehreren Hinsichten, als in dieser Einen, sympathisire.

Er ging nach geschlossenem Gottesdienst in eine der benachbarten Fischerhütten, um sich dort, uralter Gewohnheit nach, mit in Milch gebrocktem Brode, und einem frischgefangenen Hering bewirthen zu lassen. Ich blieb bei dem Hauswirthe; der mir dann erzählte; daß dieses Dorf die Vitte[1] sey; daß er und seine Nachbarn Fischer seyen, die des Sommers fischeten; daß itzt die Zeit des Heringsfanges sey; daß sie während derselben Tag für Tag auf den lieben Hering harren müßten, und also nicht Zeit hätten, das Altenkircher Gotteshaus, das fast eine Meile entfernt wäre, zu besuchen; damit sie nun doch nicht ganz des lieben Gotteswortes entbehren möchten, so sey seit undenklichen Zeiten der christliche Gebrauch gewesen, daß während des Heringsfanges acht Sonntage nach einander bei ihnen Kirche gehalten

---

[1] *Es giebt der Vitten mehrere auf Rügen. Alle werden von Fischern bewohnt, so daß das Wort ohne Zweifel mit Hytte, Hütte, Fischerhütten völlig einerlei ist.*

Die Häuser von Vitt

werde, und zwar bei gutem Wetter im Berge, bei schlimmen aber, so wie heute, in seinem Hause. Ihr Herr Pastor Finster habe eigentlich nicht nöthig, diese ziemlich beschwerlichen Predigten selbst zu halten; sondern dürfe nur seinen Kapellan hersenden, welches denn auch sein seliger Vorfahr die meiste Zeit gethan; er aber habe bald anfangs eine besondere Liebe zu ihnen, ihrem Dorfe und Gewerbe gewonnen, wie denn auch unser Herr Christus gar gern unter den Fischern habe seyn mögen; sey auch schon ein paarmal mit ihnen auf den Fang gefahren, um die Allmacht Gottes zu betrachten, und lasse sich diese Predigten nicht nehmen; sie ihrer Seits hätten ihn auch von Herzen lieb dafür, und wenn der liebe Gott ihnen was Gutes in ihre Netze beschere, so vergäßen sie nicht, ihn zu bedenken. Der redselige Mann erzählte mir noch viel mehr, beschrieb mir die Einrichtung ihres Dorfes, erklärte mir die Ordnung, die sie unter sich hielten, belehrte mich über die Verschiedenheit der Netze, und lud mich endlich ein, einmal mit ihnen auf den Heringsfang auszuziehen, das ich denn keinesweges ablehnte. – Vor allen Dingen aber will ich nun erst hin, und den Pastor Finster näher kennen lernen.

Dienstag Morgens d. 2ten Oct.

Meinem vorgestern gefaßten Entschlusse getreu wandert' ich gestern nach Mittage nach Altenkirchen. Das Gehöft des Pastors, das man hier zu Lande die Wedem nennt, liegt etwas abwärts vom Dorfe, gar ländlich und vertraulich zwischen Weiden, Kornfeldern und schattigten Gärten. Unter den Kastanienbäumen vor der Hausthür saß des Pastors kleines Töchterchen, ein dreijähriges Kind etwa, mit ein paar hellen braunen Augen und seelvollem Gesicht, und puzte ihr Püppchen. Ich fragte sie, ob Papa zu Hause wäre? – Vaterchen, sagte sie, ist oben; und ohne zu warten, bis ich sie's hieße, stand sie auf, trippelte zum Fuß der Treppe, und »Vaterchen! rief sie, komm herunter. Hier is Wer!« – Gleich, mein Kind! scholl es von oben herunter; aber es verzog sich mit dem gleich doch mehrere Minuten. Mittlerweile plaudert' ich mit der Kleinen. Sie erzählte mir, daß ihre Puppe Ida hcißc, daß sie sie an ihrem Geburtstage habe geschenkt bekommen, nebst einen Kuchen mit vier Lichtern, und einem Gedichte dabei vom Vater! – Jtzt kam der Vater. Ein leichtes Gewölk hing um die Augenbrauen, und schien zu bezeichnen, daß ich in irgend einem lieben und interessanten Geschäffte ihn unterbrochen habe. Auch war seine Bewillkommung ziemlich kalt, und in seiner Freundlichkeit lag etwas

*Das Pfarrhaus zu Altenkirchen
Kupferstich von C. Scholz, 1798*

Gezwungenes. Nun ist unter allen Gefühlen, das Gefühl lästig zu seyn, mir das unerträglichste, ich besann mich auch schon, ob ich Hut und Stock überall ablegen, und nicht auf der Stelle wieder meines Weges ziehen wolle. Inzwischen gelang es ihm, seiner Unzufriedenheit sich zu bemeistern. Ein Strahl von Humanität erhellte den untern Theil seines Gesichtes, während Stirn und Braunen noch im Schatten lagen, und so blieb ich. Es ward bald Kaffee gebracht und allerlei gleichgültiges gesprochen … von der schönen Herbstwitterung … von meinem Schiffbruche … von Anmuth und Beschwerden des Seereisens … von den Kupfern, die in der Stube hingen, u.s.w. Ich hatte ziemliche Langeweile. Um sie zu verscheuchen, ersucht' ich Finstern, mir die Umlage zu zeigen: Er war bereit dazu. Also besahen wir seinen Hof, der reinlich und geräumig ist; seine Gärten, die simpel und schattigt sind; sein Dorf, das etwa sechzig Familien hält, deren Regierung ihm zustehet; seinen

Kirchhof, der mit Silberpappeln umpflanzt, ein gar friedliches und ruhiges Ansehn hatte; seine Kirche, die in sehr reinen architektonischen Verhältnissen gebaut, nur etwas zu dunkel ist, und übrigens nichts merkwürdiges enthält. Im Eingange fanden wir jedoch eine Antiquität – einen alten rügischen Götzen aus Stein gehauen, mit der (freilich erst in spätern Zeiten aufgeklecksten) Inschrift: S. Vitus, oder Swantewit. Finster sagte aber, es sey weder Sanct Veit, noch Swantewit, sondern der Götze Withold. Wir gingen nun aufs Feld, das um diese Jahreszeit freilich eben nichts behagliches darstellt. Auch sezten wir uns bald an einer kleinen Anhöhe nieder, von welcher wir die See, Jasmund und Hiddensee übersehen konnten. Das Wetter war köstlich; die Luft ganz lau; die Sonne schien aus dem herbstlichen Gedüfte, so warm, so freundlich zu uns hin, daß selbst die Kleine, die mit uns war, ihre Einflüsse zu fühlen schien, – »Aber Vater, fing sie, da wir eben still und staunend da saßen, mit einmal an; aber, Vater, wer hat denn die liebe Sonne gemacht?« (Sieh da! dacht' ich, eine Magisterfrage!) Der Vater that, als hört' ers nicht. Die Kleine fragte noch einmal, und nun mußt' er freilich antworten. »Die liebe Sonne, mein Kind? Wie meinst du? Sollte die liebe Sonne wohl seyn gebohren worden?« – »O nicht doch, Vater!« – »Nun? und warum nicht?« – »I! die is ja nicht lebendig!« – Eine Pause. – Herzvater schien nicht Lust zu haben, sich weiter einzulassen. Aber die Kleine hielt ihn fest. »Nun, Vater fuhr sie fort, wer hat denn recht die liebe Sonne gemacht?« – »Was meinst du Liebe? Sollte ich sie wohl gemacht haben?« – »Nein, Vater!« – »Oder Mutter?« – »Nein Vater!« – »Oder Meister Lieger?« (ein Maurer)

Der Swantevitstein in der Kirche zu Altenkirchen

– »Nicht doch, Vater!« – »Nun, und warum nicht?« – »I! ihr könnt ja nicht an kommen!« – Abermal Pause. – »Aber, Vaterchen, wer hat die liebe Sonne denn gemacht?« – Itzt nahm der Vater das holde Kind auf seinen Schooß. Mit sanft-eindringendem Tone sprach er: Ich will dirs sagen, Liebe, wer die liebe Sonne gemacht hat. Der liebe Gott ists, der sie machte! – »Der liebe Gott??« sagte die Kleine, und sah mit ihren hellen Augen ihn staunend an. »Wo ist denn der liebe Gott?« – »Da oben im Himmel!« – »Wo Lina Linden is?« – »Ja!« – »Wo die schönen Blumen sind?« – »Ja!« – »Wo's immer Sommer is?« – »Eben da!« – »Wo der schöne bunte – i wie heißt er nu doch?« – »Regenbogen, mein Kind?« – »Ja, Vater, wo der schöne Regenbogen hingeht?« – »Eben da, mein Kind! und den schönen Regenbogen gestern hat der liebe Gott auch gemacht.« Jedoch es würde zu weitläufig seyn, dies interessante Gespräch noch ferner durch seine mannichfaltigen Schwingungen und Wendungen zu verfolgen. Genug, die Kleine ließ den Vater nicht loß, und da ihr Herz einmal offen, und ihr Verständnis aufgeschlossen schien, so nutzte der Vater den Augenblick, um gegen den großen Unbekannten, den er ihr itzt zum erstenmal genannt hatte, ihr Liebe und Ehrfurcht einzuflößen. Er beschrieb ihr, wie gut der liebe Gott sey, wie viel Schönes er uns schenke, wie er den frommen Menschen und den frommen Kindern insonderheit so gewogen wäre, u.s.w. Er erklärte ihr nun zum erstenmal, was es auf sich habe, daß Vater und Mutter vor Tische die Hände zusammenlegen und eine Weile so still wären; daß sie sich nehmlich dann für das Essen bei dem lieben Gott bedankten; imgleichen, was die Leute in der Kirche machten, was das Predigen und

Alwina Kosegarten. Kupferstich von H. Lips nach einem Gemälde von Weström, 1798

Singen bedeute u. dergl. – Mittlerweile neigte sich die Sonne zu ihrem Untergange; es ward kühl, und thauete in aller Fülle der Herbstabende. Wir brachen also auf, und wanderten langsam zum Dorfe zurück – die Kleine, sehr still und sinnend, an der Hand des Vaters – Ich meinen Theils, der bisher eine stumme Person gespielt hatte, war itzt Sünder genug, meine unvorgreifliche (nicht einmal aus eigener Kraft empfangene, sondern nur dem Trosse heuriger Pädagogen nachgehallte) Meinung zu äußern, daß dergleichen Begriffe einem dreijährigem Kinde wohl zu hoch seyn möchten! »Zu hoch? sagte Finster lächelnd. Daß die Sonne von jemanden gemacht sey, daß dieser jemand Gott heiße, daß er im Himmel wohne, daß er gut sey, daß er mächtig sey, daß er alles sehe und höre – dünkt Ihnen das so etwas Hohes? – Lieber Freund, fuhr er fort, was wir von Gott zu wissen brauchen, das kann ein Kind fassen. Das übrige haben nicht Sie, nicht ich, nicht Simonides, Aristoteles, Carthesius, nicht Kant begriffen, und werden es nie begreifen.«

Nach unsrer Zurückkunft führte mich Finster auf seine Studierstube. Im Golde der Abendsonne flammete sie uns entgegen, und enthüllete über Wittow, Hiddensee und das weite blaue Meer eine schöne Aussicht. Während ich, einer mir anklebenden Unart zufolge, über des Pastors Bücher herfiel, und denen kramte, lag er im offenen Fenster, und staunte tiefsinnig in die blendende Gluth hinein. Sein kleines Töchterchen stand neben ihm auf einen Stuhl, und schaute auch zu. Auch ich trat endlich zu ihnen. Ich rühmte die schöne Aussicht. – »Ja wohl, sprach Finster, ist sie wunderschön!« – Und nach einer Pause – »Wie doch alle meine

Jugendschwärmereien itzt in Wesen übergegangen sind! Grade so eine Lage, so eine Studierstube, mit so einer Aussicht ... auf die See ... auf irgend ein fernes Gestade ... im rothen Glanz der Abendsonne ... hab' ich mir immer gewünscht, und hab' es erhalten. – Nur schöner noch, viel schöner und reizender, als ich mirs fantasirte.« – Er schwieg, In seinem emporschauenden Blicke aber schien mir des Altvaters Jakob[1] Gefühl zu schwimmen: Herr, ich bin zu gering aller Barmherzigkeit und aller Treue, die du an mir gethan hast; ich hatte nicht mehr denn diesen Stab, als ich über diesen Jordan ging; und nun bin ich zweier Heere worden.[2] – »Ich bin, fuhr er nach einer Weile fort, auf diesem einsamen Flecke nun schon so eingewohnt; mir ist so wohl auf ihm, und so einheimisch, daß mir's sauer wird, mich auch nur auf einen halben Tag von ihm zu entfernen.« – »Ja wohl, mein Lieber, fiel seine Gattin ein, die auf dem Sofa saß, auch sind wir schon wieder unsern Nachbarn rings in der Runde die Visite schuldig. Preißlers haben wir noch nicht gratulirt; Prangens noch nicht condolirt; Henningsens[3] sind wie überall noch den Antrittsbesuch schuldig. Glaube mir mein Bester, die Leute dünken sich von uns vernachlässigt, und kennen dich noch nicht genug, um es uns nicht zu verdenken.« »Ists möglich, antwortete er. Kann mans einem auch verden-

---

1 Jakob als Enkel Abrahams ist ein Stammvater Israels. Die zwölf Stämme Israels werden durch seine Söhne symbolisiert. Mit ihnen breitete sich Gottes Verheißung aus.
2 1. Mose 32, 11.
3 Die Namen sind in den Kirchenbüchern von Altenkirchen *nicht* auffindbar und stehen offenbar als Pseudonyme für die betreffenden Gutsfamilien.

ken, daß er die einfache Kunst versteht, sich selbst genug zu sein? – Ich gestehe es, fuhr er, zu mir wendend, fort. Diese Visiten sind mir eine halbe Frohne. Theils hab' ich hier alles um mich her versammelt, was einem Geiste, wie der meine ist, das Leben versüßet und verschönert, und natürlich find ich das an jedem andern Orte nicht so beisammen. Theils erfordert die Schwäche meiner körperlichen Konstitution eine anständige Gleichförmigkeit der Lebensordnung, die sich nur im eigenen Hause beobachten läßt. Theils ist durch den täglichen Umgang mit der Natur und mit diesen meinen todten Freunden (seine Bücher ansehend) mein Geist so verwöhnt und verzärtelt worden, daß die gewöhnliche Unterhaltung auch der sogenannten besten Gesellschaften mich in eine höchst unbehagliche Atonie versetzet. – Dazu kommt, daß ich selbst wenig oder gar kein Talent zur Unterhaltung besitze, und daher andre gewöhnlich in eben dem Maaße ennüyire, in dem ich mich selbst ennüyirt finde – Jedoch, es ist Unart an mir; es ist Verstimmung! Ich will mich bessern, Liebe, und morgen nach Tische laß anspannen!«

Gegen zehn Uhr Abends ging ich. Aber meinst du, daß er mich gebeten habe, ihn einmal wieder zu besuchen? – Nicht mit einer Sylbe!

Mittwoch Nachmittags d. 3ten.

Finster hat mir gestern einige Erläuterungen über die natürliche und politische Geschichte des Vorgebürges Arkona gegeben. Um diese mit seiner itzigen Beschaffenheit zu vergleichen, stellt' ich heute eine eigne Wall-

Kap Arkona

fahrt nach der berühmten Uferspitze an. Zwei Wege führen dahin, der eine quer durch das Land, der andre längst dem Gestade. Natürlich wählt' ich den lezteren romantischeren.

Gleich von dem Dorfe Nobbyn an, wo sich der Weg aus dem Innern des Landes an das Ufer lenket, wird das leztere steiler, abschüssiger und stickler. Die Liethen folgen häufiger auf einander. Die Quarz- und Granittrümmer sind dichter gesät. Die Erdart fängt an, nach und nach aus Lehm und Thon in eine grobe und unreine Kreide überzugehn. Einige Schritte etwa jenseits Nobbyn stieß ich auf ein majestätisches Hynengrab, das imposanteste und zugleich am besten erhaltene, was ich auf dieser Insel noch gesehen habe. Es streicht von Norden nach Süden. Der längliche Steinkreiß mißt gegen dreißig Schritte in die Länge, und gegen zehn in die Breite. Die Zahl der Steine, die ihm umsetzen, ist neun und dreißig. Es sind mächtige Blöcke darunter. Die beiden mächtigsten aber bilden den Eingang, und würden leichtlich einen Reuter zu Pferde bedecken. Der Grabhügel selbst ist sanftgerundet, und streicht bis hart an das Ufer hinunter.

Erwärmt durch den Anblick dieses edlen Maales, und umlispelt, wie es mir vorkam, von Erinnerungen aus der grauen Vorwelt, ging ich mit verdoppeltem Schritte weiter; erreicht bald die friedliche Vitte; umging die weite Schlucht, in welcher sie vergraben liegt, und sah nun die alte Arkon thürmend vor mir liegen. – Die Ansicht ist noch ganz genau die nehmliche, unter welcher Saxo der Grammattiker sie vor sechshundert Jahren sah und schilderte.[1]

Scharfzugespitzt, und beinahe lothrecht abgeschnitten springt das mächtige Vorgebürge in die See hervor; ost- nord- und südwärts durchaus unzugänglich. Die Abendseite, vermittelst deren es allein mit dem Lande zusammenhängt, verschanzet ein noch itzt beträchtlich tiefer Graben, hinter welchem ein noch immer schwer

---

1 *Haec (Arcona) in excelso promontorii cujusdam vertice colloratu, ab ortu, meridie et aquilone non manu factis, sed naturalibus praesidiis munitur, praecipitus moenium specien praeferentibus, quorum cacumen, excussae tormento sagittae jactus aequare non possit. Ab iisdem quoque plagis circumfluo mari sepitur; ab occasu vero vallo quinquaginta cubitis alto, concluditur; cujuinferior medietas terrea ereat, superior ligna glebis intersita continebat – Septentrionale latus ejus fonte irrigno scatet, ad quem muniti callis, beneficio, oppidanis iter patebat. Lib. XIV.*
Vgl. dazu die deutsche Übersetzung der Schilderung des Falls Arkona durch Saxo Grammatikus, »Arkona im Jahre 1168«, hrsg. von A. Haas, Stettin 1925, Reprint Putbus 1993.

Blick auf den Burgwall von Arkona

ersteiglicher Wall zu einer Höhe von dreißig Ellen halbzirkelförmig hinanschwillt. Hart am Rande des nördlichen Gestades ist der Wall durchschnitten. Hier war der Eingang, durch welchen die alten Rugier in ihr Heiligthum gelangten, und auch ich verfügte mich durch ihn in sein Inneres. Nichts war hier zu sehen, als ein ganz flaches Feld von einigen Ackern Landes, auf denen einige grasende Kühe herumirrten. Ich beschrieb den ganzen Zickzack der mannigfaltig ausgeschweiften Uferwände, untersuchte die mancherlei Erdlagen, aus denen sie in dem Laufe von Jahrhunderten aufgeschichtet wurden, sah an mehreren Stellen das unten hohlgespühlte Erdreich gleich schwebenden Gewölben über den Abgrund hängen, und erstieg dann die sogenannte Jaromarsburg, die steilste Spitze des Walles, die sich zur Rechten des Eingangs hart am nördlichen Ufer befindet, und dem Wanderer eine der herzerhebendsten Aussichten eröffnet. Größer, hehrer, unendlicher ist die grenzenlose Schöpfung mir bisher noch kaum erschienen, als auf diesem unbekannten Erdflecke. Über Wittows gartengleiche Ebenen, über Jasmunds blauenden Gestade, über Rügens labyrinthische Gefilde, über die mannichfaltigen Buchten, Wieken, See- und Landengen des ganzen Inselmeeres irrte der trunkene Blick bis in eine unbestimmte Ferne, wo im Flore eines dünnen Nebels Himmel und Meer sanft ineinander zerflossen. Interessanter noch ward ohne Zweifel die große Scene durch die eigne Art der Beleuchtung. Die Luft war bewölkt. In Süden und Westen standen Donnerwolken. Furchbare Schlagschatten warfen über einen Theil der See und der Inseln einen schwarzen Schleier. – Noch war die See ganz stille. Itzt fing sie an zu murmeln ... dann zu grollen ... dann zu brausen. Itzt stieg ein Wirbelwind auf, und geißelte die krausen schäumenden Wogen wild durch einander. – Ich lag auf der Jaromarshöhe, und weidete mich an dem erhabenen Schauspiel. – Das Gewitter verzog. Die Wolken theilten sich. Einen Augenblick trat die Sonne hervor, und das Meer, die Ufer, die Inseln und die Halbinseln erglänzten in ihrem fließenden Strahle. Sie verbarg sich wieder. Das Gewölk schloß sich, und ein lichter trüber Flor umschattete das Ganze. Staunend und träumend lag ich auf dem nackten Gipfel. Meine Seele lustwandelte in den Jahrhunderten einer fernen Vorwelt, vergegenwärtigte sich die mancherlei Zeiten, Völkerschaften und Begebenheiten, die dieses Vorgebürge sah und überlebte – jene graue Zeit, wo die alten Teutonen von Scythien und Sarmatien aus am Gestade der Ostsee sich herunterzogen, das herrliche Vorgebürge entdeckten, es benannten,[1] erstiegen und bevölkerten – jene späteren Jahrhunderte, wo Sveven, Wandalen, Heruler und Rugier sich aufmachten in zahlreichen Schwärmen, um die Tyrannin des Erdbodens, die alte Rom, zu stürzen und die Gestalt des halben Erdbodens umzuwandeln – jene noch näheren Zeiten, wo Slaven und Wenden, ein friedliches und emsiges Volk, in die öde gelassenen Provinzen einrückte, die Wälder lichtete, das Feld baute, in zahllosen Dorfschaften sich ansiedelte, und Swantewit, dem Fürsten der Götter, keine würdigere Wohnstätte anzuweisen wußte, als die schon damals weit berühmte Arkona – jenes kriegerische Jahrhundert, in welchem Woldemar[2] ins Land fiel, die wackern Rugier in ihre Feste drängte, durch Wassermangel sie zur Uebergabe zwang, ihren Tempel zerbrach, ihren Gott in Brennholz zerhieb, und die Anbeter Swantewits[3] und Witholds[4] in Anbeter Mariens und des heiligen Vitus umschuf – und

---

1 *Der Name Arkona ist offenbar Mungalisch, als in welcher Sprache Ark, eine Bergspitze, ein hohes Ufer, Kon aber eine Ecke, eine Kante bezeichnet. S. Strahlenberg vom Norden und Osten Europens und Asiens. Wo bleibt bei so erweislicher Verwandtschaft Celtischer und Tatarischer Völkerstämme jene berühmte Hypothese von zweyen gleich ursprünglichen Menschenrassen, der Altaischen und Caucasischen?*
2 Gemeint ist der König von Dänemark, Waldemar I., geboren 1131. Er regierte von 1157–1182 und unternahm schon vor der endgültigen Eroberung 1159, 1160 und 1165 Kriegszüge gegen die Insel Rügen.
3 *Swantevit* war die slavische Gottheit mit vier Gesichtern. Auf Arkona befand sich der Tempel des Swantevit, in dem er als überlebensgroße Holzfigur stand.
4 Vom Götzen Withold schreibt nur Kosegarten, und in der Sundine 1840, S. 151, ist zu lesen, daß die Wittower in Withold ihren Schutzpatron verehren.

nun die heutige friedliche Zeit, wo der Putgarder Bauer im Innern des heiligen Burgringes sein Vieh weidet, den Boden, wo seine Väter anbeteten, mit dem Pflugschar aufreißt, und Sonntags zur nahen Vitte wallfahrtet, um dort seinen Pastor den wahren Gott verkündigen zu hören. – O Fluth der Zeiten, die du Menschen, Völker, Sprachen und Religionen unaufhaltsam mit dir fortreißest, und mit jeder späteren Woge die Spuren der früheren vertilgest, kann doch die denkende sich ewig wähnende Seele deinem vertilgendem Strudel nicht zuschauen, ohne daß sie fürchte für sich selber. Wie lange, und die Scene, welche so manche Völkerschaften auftreten, handeln und verschwinden sahe, wird verschwinden wie sie selber. Arkona wird fallen. Stubbenkammer wird einstürzen. Die Riesenkoppe wird ihre graue Scheitel senken – Montblanc und Chimborasso werden zusammentaumeln. Die Schöpfung wird wieder in Chaos zerfallen, und du, mein armes Ich, solltest den Schiffbruch aller Dinge überdauern?

Abends 7 Uhr.

So eben läßt mir Hartmuth sagen, daß unser Schiff noch diese Woche wieder flott seyn werde. Ich muß also meinen Plan, das innere Rügen, das so lockend vor mir liegt, zu durchstreifen, fahren lassen, und will zufrieden seyn, wenn ich nur noch Hiddensee und Jasmund sehen kann. Zu dem leztern will ich gleich morgen meine Wanderschaft antreten.

Fischerboot

Donnerstag Abends den 3ten.

Ich schreibe dir, Liebe, aus einem Dorfe, das an dem Fuße der berühmten Stubbenkammer liegt. Ich habe mich hier bei einer Fischerfamilie einquartiert; guten, treuherzigen Leuten; den nehmlichen, bei denen Büsching[1] auf seiner Heimreise von Petersburg nach Deutschland eine Nacht zubrachte, seine goldne Uhr vergaß, und sie Tags darauf durch einen eignen Bothen nachgeschickt bekam.[2] Weil nächst dem Vergnügen, nun noch neue Landschaften zu durchwandern, das Vergnügen, meine Wanderungen zu beschreiben – und dir, Beste, sie zu beschreiben – mir über alles geht (es ist mir denn gerade so, als ob ich an deinem lieben Arme sie noch einmal durchwandre,) so hab' ich mir ein kleines Taschenschreibzeug mitgenommen, und hier sitz' ich, Beste – in einen Stübchen, dessen Decke mir beinahe auf dem Kopfe liegt – unter dem Schnurren einiger übelgeölter Spinnräder – unter dem schwerfälligen Gerumpel einer Art von Wiege – unter dem Gequarre eines Kindes, das schlafen soll und nicht will, und dem abwechselnden Gekreise und Geliebkose seiner Mutter. Der ehrliche Altvater sitzt indessen in seinem Rohrstuhle am qualmenden Ofen, und bläst mit großer Gelassenheit aus einem drei Zoll langen Pfeifenstumpfe Wolken eines Tabacks von sich, den er, so viel

---

[1] Anton Friedrich Büsching (1724–1793) war ein naturwissenschaftlich interessierter Theologe. Bevor er Oberkonsistorialrat und Direktor des Grauen Klosters in Berlin wurde, wirkte er von 1761–1766 als lutherischer Prediger in St. Petersburg. Seine geographischen Schriften beeindruckten Kosegarten sehr.
[2] *Siehe seine Autobiographie.*

sich aus dem wahrhaftig stychischen Geruche urtheilen läßt, in seinem eignen Garten bauete. – Unter solchen nicht sonderlich begeisternden Conjecturen,[1] Beste, sitzt dein Volker hier und schreibt, so gut der wackelnde Tisch und das unsichere Flimmern eines dampfenden Thranlämpchens es ihm verstattet. Zwei Stunden noch vor Sonnenaufgang ließ ich von meinem fleißigen Wirthe, der dröschen wollte, mich heute frühe wecken. – Fröhlich sprang ich auf, kleidete schnell mich um, erfrischte mich mit einem eiskalten Trunk aus der Quelle, und nun auf und davon. Der Tag war noch nicht angebrochen. Der Himmel hell und gestirnt. Alle meine liebsten Sterngebilde standen funkelnd vor mir ... Orion ... die beiden Hunde ... die beiden Bären ... die Hyaden ... Jupiter kulminierte in der Präsepe, und hart am Herzen des Löwen goß Venus eine solche Fülle von Licht und Glorie aus, daß der rothe Regulus vor ihr erblaßte, und Denebola kaum sichtbar blieb. – Es hatte gereift, und die gefrornen Grasesspitzen knirrten unter jedem meiner Fußtritte. Dieß Knirren, das Pfeifen des Morgenwindes in meinen Locken, und das Rollen der See, deren ganzes Vermögen, vom Ostwinde dahergewälzet, zu meinen Füßen schäumte und klatschte, fachte ein Lebensgefühl in mir an, ein Jugendgefühl, daß ich in diesem Augenblick mich der Heroen einen wähnte, nicht aber ein Ephemeron,[2] das gestern ward, und morgen nicht mehr ist.

Vorüber wandert' ich die größtentheils noch schlummernden Dörflein Nobbyn und Drewoldke.

---

1 von lat. *coniectura,* hier Begleitumstände
2 gr.: einen Tag nur während, Eintagsfliege

Dann erreicht' ich die schmale Heyde, jene Landenge nämlich, die die beiden Halbinseln Wittow und Jasmund mit einander vereinigt. Sie ist so schmal und so niedrig, daß einem wundert, wie sie dem Andrange der Fluthen widerstehen könne. Weiße Dünen und einiges Riedgras, das aus dem stiebenden Sande seine Halme einzeln hervorstreckt, sind alles, was man auf ihr wahrnimmt.

Während ich so die lange schmale Heyde entlang auf dem festgeschlagenen Ufersande, und so genau an seinem Rand wandelte, daß die brechenden Wellen mir über die Füße taumelten, verschwanden die Schatten allmählig und der Tag brach an. Immer lichter ward es im Osten; immer gelber, glühender, purpurner der Morgenhimmel. Sirius und Rigel und Bellatrix erblaßten. Jupiter hing in geschornen Locken. Nur Venus weigerte sich noch, dem siegenden Lichte zu weichen. – Aber itzt tauchte aus des Meeres blauem Schooße die holde Tagesmutter hervor. Meer und Ufer und Gestade und selbst die nackten Dünen erglänzten in verklärter Schönheit. Jeder Grashalm war eine Juwelenschnur. Jede krause Welle geschmolznes Silber. Die alte Arkona, die bisher gleich einem weißen Fantom auf den Wassern zu schwimmen schien, lag nun, mit einem sanften Rosenroth fingirt, in den düster blauen Fluthen still und feiernd da. Schwärme von Wasservögeln aber, Möwen, Strandläufer, wilde Enten und wilde Gänse stürmten empor, und huldigten lautjubelnd der milden Ausspenderin alles Lebens und aller Freude.

Viel zu frühe für meinen Geschmack endigte die schmale Heyde. Ich habe mehr denn einen über die

An der Schaabe (bei Kosegarten »schmale Heyde« genannt)

ermüdende Einförmigkeit dieses Weges klagen hören. Wie einen die Welle lang werden könne, die Dünen zur Rechten, die See zur Linken, Jasmund und Arkona unter immer ändernder Ansicht vor Augen, ist etwas, das mein Fassungsvermögen übersteigt.

Nahe vor dem Ende der schmalen Heyde erst ist die politische Grenze, die die beiden Halbinseln scheidet. Die Dünen beginnen hier in Weide überzugehn, und gewähren zahlreichen Heerden von Kühen und von Schafen eine gedeihliche und reichliche Futterung.

Das erste Dorf, was einem auf Jasmund aufstoßt, heißt Glowe. Und sogleich hebt eine ganz andre Natur an, als jene, die dem einförmigen Wittow eigen ist. Hügel, Wiesen, Weiden, Seen, Aecker und Baumgruppen wechseln in immer ändernder Mannichfaltigkeit mit einander ab, und gewähren dem Auge des Wanderers eine nicht minder angenehme Erholung, als seinem, unter den einfacheren und erhabnern Schönheiten des ungemessenen Meers und des unendlichen Himmels beinah erdrückten Geist, eine sehr behagliche Abspannung.

Zu Glowe sprach ich in einer der ersten besten Hütten ein, um mich, wie man zu sagen pflegt, ein wenig zu vernüchtern. Dann ließ ich mir den Weg zur Stubniz zeigen, und wanderte mit frischen Kräften weiter. Manchen reizenden Landsitz, manches vertrauliche Dörflein passierte ich – Ruskeviz z.B., dessen rothe Dächer eine Idee von Neuheit und Aisance[1] gaben – Spyten, ein altes Schloß der Grafen Brahe, das am Rande eines kleinen Landsees romantisch dalag – Bobbyn, ein Pfarrdorf von dessen hochgelegenem Kirchhofe die reizenden Landschaften umher sich gar lieblich müssen überschauen lassen – Bismiz, ein freundliches Thal, durch dessen Krümmungen ein krystallhelles Bächlein plätschernd fortschlich – Nipmerow, davon ich nichts zu sagen weiß, und eine Menge anderer Nester, deren Slavisch-Wendische Namen auf die Tafeln meines Gedächtnisses zu schreiben mir nicht nöthig schien.

Nie aber werd' ich der interessanten Mannichfaltigkeit dieser malerischen Landschaften vergessen, deren stiller Reiz bisweilen auch zum Edlen und Erhabnen emporstieg. Nicht selten veredelten die Höhen sich zu schrofferen Abstürzen. Unermüdet aber hing mein

---

1 *Ein Wort, wofür wir wirklich noch kein Gleichvielsagendes haben.*
frz. für Leichtigkeit, Wohlgefühl

Jasmunder Kreideküste mit Königsstuhl

Auge an der majestätischen Wasserfläche, die itzt hinter waldreichen Höhen sich versteckte, itzt siegprangend hinter ihnen hervortrat, und mitten in ihrem Schooße allezeit, blitzend in vollem Sonnenglanze, das prächtige Arkona.

Gegen zehn Uhr Vormittags etwa erreicht' ich ein Dorf, Namens Hagen, das im Eingange der Stubbenkammer liegt. Ich nahm mir hier einen Führer, der durch die Labyrinthe der Stubniz mich zur Stubbenkammer bringen möchte. Der Wald bedeckte die ganze nordöstliche Strecke der Halbinsel, versorgte seit Jahrhunderten die Einwohner Wittows und Jasmunds mit Brenn- und Nutzholz, schien aber itzt schon ziemlich licht und ausgehauen zu seyn. Ohne die weisen Veranstaltungen des lezten Generalstaathalters, welcher die Anzahl der Fuder, die jährlich aus der Stubniz hinausgeschleppt werden durften, fixirte; die Zweige und Äste, die man vorhin an Ort und Stelle liegen und verfaulen ließ, ebenfalls zu verbrauchen befahl, und überdies mehrere Torfgruben öffnete, welche Vorrath auf Jahrhunderte versprachen – möchte die ganze Waldung binnen wenig Menschenaltern vertilgt, und Wittows Einwohner würden genöthigt seyn, ihr fruchtbares aber rauhes Eiland zu räumen. Mein Führer, der selbst zu den Aufsehern des Waldes gehörte, versicherte mich, daß jährlich mehr denn zehntausend Stämme gefället würden, daß alle das Vieh der Hagenschen Bauern, welchen unglücklicher Weise die Stubniz in ihren Contracten zur Trifft angewiesen worden, ungleich mehr, und den ganz jungen Anflug beinahe völlig aufriebe.

Eine halbe Stunde wanderten wir in der immer finstrer und dichter sich drängenden, zugleich auch über den Meeresspiegel immer höher sich hebenden Waldung, als mit einmal der Wald sich lichtete, der Boden uns ermangelte, das überraschte Auge hinunterstarrte in eine schwindelnde Tiefe, und schnell sich hob, um im Anschaun des weiten hehren Meeres sich wieder zu sammeln. »Dies, sagte mein Führer, ist die Stubbenkammer!«[1] und wies in einen Schrund hinunter, dessen Eingange zwei aufrechtstehende Kreidepfeiler das Ansehn einer Pforte gaben. »Dies, sprach er, ist der Kö-

---

1 *Richtiger Stubben Camen, indem Camen in der Slavischen Sprache einen Stein oder Felsen bedeutet.*

nigsstuhl!« und zeigte mir eine Kreidezacke, die aus der platten Wand hervortretend zu einer unersteiglichen Zinne emporstieg. »Dies« ... wollt' er fortfahren, allein ich ließ ihm nicht Zeit, seinen Spruch zu vollenden. Ungeduldig, die verschiednen Parthien dieses herrlichen Gestades selbst zu erkundschaften, und ihres Eindrucks ohne einen lästigen Dritten, der noch dazu den Cicerone[1] schien spielen zu wollen, zu genießen, entlief ich ihm, und eilte, die äußerste und höchste, mit weitwipfligen jahrhundertalten Buchen bekränzte Ecke des Vorgebürges zu ersteigen. Zur Rechten desselben zeigte das Gestade sich am kühnsten, mahlerischesten und imposantesten ... Eine Art von Talus hat sich hier vom Meerstrande auf, bis etwa an die Mitte des Ufers hinangebildet. Sein sanftansteigender Rücken ist vom allbelebenden Hauch der vegetirenden Natur mit mannichfaltigem Gesträuche und Gebüsche überzogen, dessen itzt gelbliches Laub mit der weißen Kreide des Ufers im schönsten Abstich stand. Ueber den lachenden Talus herüber hängt ein erstaunlicher Kreidenflöz, lothrecht abgeschnitten, gigantisch drohend ... ein Obelisk des Demiurgus – O wie schrumpfeten diesem Babelgedanken des Schöpfers gegen über die sieben Wunder der alten Welt, und die neun und neunzig der Neuen in meinem Sinne zusammen zu kindischen Spielereien. Verloren und verwildert in mir selber, knieet' ich an der Allmacht nicht mit Händen gemachten Altare, hinabgeschmettert ins Gefühl meines eigenen Nichts, und wiederum sanft emporgehoben durch den stolzen Ge-

---

[1] *cicerone* (ital., nach dem römischen Redner M.T. Cicero) bezeichnet einen redseligen Fremdenführer.

danken, daß wir gleichwohl Seines Geschlechts sind, und daß ER es ist, in dem wir leben und weben!

Mein Führer fragte mich, ob ich nicht Lust habe, das Gestade von unten auf zu sehn? Allerdings. sagt' ich; und nun führt' er mich auf einem schräge sich schlängelnden Pfade zuvörderst auf jenen Talus herunter. Der Pfad war hin und wieder ziemlich steil; und da es die Nacht vorher geregnet, die Kreide mithin sehr schlüpfrig war, so glitscht' ich mehr denn einmal von dem schmalen Stege herunter in eine rauschende See von abgefallnen, seit mehreren Herbsten in diesen Tiefen aufgehäuften Blättern. Auf der Hälfte des Weges machten wir einen kleinen Halt. Die Gebüsche hinderten hier alle Umsicht. Nur jene gigantische Kreidewand stand itzt prachtvoll und majestätisch über unsern Häuptern. Während ich auf einem krummen Aste sitzend dies Kolosseum der Natur anstaunte, ging mein Führer hin, und schöpfete aus einem in der Nähe plätschernden Bache einen Trunk des alleredelsten und allerlebendigsten Wassers. Erstärkt durch seine wohlthätige Kühlung, stiegen wir den Rest des Abhanges mit minderer Beschwerde hinunter, und erreichten – die Sonne stand grade im Meridian – den Meerstrand. Gestein von allen Farben, Formen und Größen bedeckt ihn, mitunter auch erstaunliche Granite und Quarze. Auf einem der mächtigen Blöcke vom schönsten Korn lagerte ich mich, und betrachtete den Bau und die Zusammenfügung des Ufers. Das ganze ist reiner Kreidenflöz, durchsezt jedoch in abgemessenen Entfernungen mit horizontalstreichenden Schichten von Feuerstein. Die Höhe des Ufers mag zwischen vier und fünfhundert Ellen betragen. Die Ansicht verändert und vermannich-

Der Königsstuhl

faltigt sich ins Unendliche, und würde selbst einem Salvator Rosa[1] unerschöpflichen Stoff zu den interessantesten Partieen geben.[2]

Mein Führer erzählte mir viel von einer gedoppelten Höle, die zwischen Kreidepfeilern befindlich seyn sollte. Auch erinnert' ich mich, in Schwartzens[3] Einleitung in die Geographie des nördlichen Deutschlands mittler Zeiten gelesen zu haben, daß ihn ein Kavalier des Landes versichert hätte, er habe in seinen jüngern Jahren in den Kreidepfeilern eiserne Kammern gefunden. Diese Kammern erinnerten mich an die verrufnen eisernen Ringe, die Buffon[4] in den Mauern von Tangern[5] gefunden haben wollte, die de Luec[6] sorgfältig suchte, und

---

1 Kosegarten schwärmte von den gewaltigen Landschaftsdarstellungen des italienischen Malers Salvatore Rosa (1615–1673), der zugleich Dichter und Tonkünstler war.
2 *Der ältere Hakkert, der in seinen jüngern Jahren mehrere Sommer auf dieser Insel lebte, hat verschiedne derselben gemahlt und gestochen.*
   Kosegarten sammelte auch Landschaftsbilder von Johann Philipp Hackert (1737–1807), der in jungen Jahren sehr von Baron von Olthof gefördert wurde. In seinem romantisch gelegenen Gutshaus in Boldevitz bemalte Hackert die Tapeten des großen Saales mit lauter rügenschen Ansichten. Kosegarten verlebte dort während seiner Hauslehrerzeit zwei »unvergeßliche Sommer« – 1778 und 1779 – wie er es 1818 in einem Brief an Goethe beschreibt.
3 Albert Georg Schwartz (1687–1775), Historiker, anfangs Professor in Greifswald, gab 1745 die »Geographie Norder-Teutschlands« heraus.
4 George Louis Leclerc Buffon (1707–1788) war ein erfolgreicher Naturforscher
5 Die Stadt Tanger liegt in Nordwestmarokko an der Straße von Gibraltar am Hang eines kahlen Kalkgebirges.
6 Gemeint sein kann nur der Schweizer Theologe und Geologe Jean André Deluc (1727–1817).

nicht fand. Mit der Existenz dieser Kammern stand und fiel nun zwar keine Hypothese. Inzwischen entschloß ich mich doch, die Sache zu untersuchen. Mit Mühe und nicht ohne Gefahr klomm' ich die stickele und äußerst schlüpfrige Kreidewand hinan, bis zu den Pfeilern. Ich erstaunte über ihren Bau, ihre Höhe, Menge, und zum Theil barocke Figuren; fand aber, wie ichs erwartet hatte, weder Höle noch Kammern. Itzt wollt' ich wieder umkehren; und siehe da! ich hatte mich festgeklettert. Den Weg, oder vielmehr Unweg, den ich heraufgestiegen war, wieder zurückzusteigen, war augenscheinliche Halsgefahr. Die Höhe vorwärts däuchte mir aber so schroff und schwindelnd, daß ich, der ich die Gymnastik des Kletterns wenig geübt hatte, mir kaum zutraute, sie erklimmen zu können. Inzwischen war doch dies das Einzige, was mir zu wählen übrig blieb. Um zu dem gefährlichen Gange die nöthigen Kräfte zu sammeln, sezt' ich mich auf einen dürren Baumstamm, der zur Hälfte in die Kreide verschlämmt, zur Hälfte aus dem Ufer hervorragte, ein paar Minuten lang nieder, und ergözte mich an dem Gedanken, daß ich mich hier auf einem Fleck befände, welcher vielleicht noch nie durch den Fuß eines Sterblichen wäre entweihet worden.[1] Dann stieg ich die Höhe frisch hinan. Die Aestchen, Steinchen, losen Kreidebrocken, die aus der Uferwand hervorsprangen, dienten mir zu Leitersprossen, an denen ich mit den Händen mich festhielt, und mit den Füßen auf ihnen ruhte. Nicht wenige freilich brachen unter mir, und rollten in die schaudernde Tiefe

---

1 *Volker irret. Nicht nur mehrere meiner Bekannten, sondern auch ich selber bin in jüngern Jahren diese Wand, wiewohl allerdings nicht ohne Gefahr und unsägliche Mühe, hinangestiegen.*

Blick vom Königsstuhl

hinunter. Behend', und ohne hinter mich zu schauen, klomm' ich dennoch glücklich vorwärts ... erreichte itzt die Gegend, wo die Kreide in Lehmen übergeht ... dann jene, wo der Lehmen sich zu einer lockern Dammerde veredelt. Diese glitt unaufhaltsam unter meinen Fersen zurück, so daß ich mich mit Händen und Füßen gleichsam hineingraben mußte, um nur einigermaßen festen Fuß zu fassen. ... Itzt sah' ich die grünen Sträucher über den Abhang herunterschimmern. Ich nahm meiner Sehnen lezte Kraft zusammen und schwang mich wohlbehalten auf das sichere Gestade. Kraft und Athem aber waren mir so ganz entgangen, daß ich platt auf den Boden niederfiel, und wohl eine halbe Stunde lag, eh ich wieder zu mir selber kam. – Mein Führer, welchem unbemerkt ich den mißlichen Spaziergang gemacht hatte, und der nicht wußte, wo ich möchte geblieben seyn, schrie und rief mir von unten. Ich antwortete ihm, so viel meine gänzliche Erschöpftheit es mir erlaubte, von oben. Nach einer Weile kam er vermittelst des gewöhnlichen Pfades wieder zu mir herauf, kreuzte und segnete sich vor meinem kühnen Unterfangen, und sagte, er habe es nicht für möglich gehalten.

Wir öffneten nun unsern Kober, und ließen, was Gott bescheerte, uns trefflich schmecken. Während mein Führer sich an seinem Fläschchen labte, lief ich hin, und trank Kraft und Leben aus dem edlen Felsenquelle. – Hätt' ich Bürgers Lyra[1] oder Theokrits Haberrohr[2] wahrlich, edler Quell, ich wollte dir die Unsterblichkeit geben, die jener dem Negenborn[3] gab, und dieser der Arethuse.[4]

Nach genossenem Mahle und einem kurzen Mittagsschlummer auf dem feuchten Rasen ließ ich meinen Führer mich zu dem Burgwall und Burgsee führen. Wir

---

1 Kosegarten spielt auf die für ihn ergreifende Dichtkunst des Sturm und Drang von Gottfried August Bürger (1747–1794) an.
2 Theokrit, der griechische Dichter aus Syrakus, wirkte in der ersten Hälfte des dritten Jahrhunderts v.Chr. und begründete die Hirtendichtung, die Idyllen. In ihnen stellte er das Leben der Bauern und Hirten in ländlicher Einfachheit und Natürlichkeit idealisierend dar. Das »Haberrohr« ist eine einfache Hirtenflöte.
3 *Negenborn* – niederdeutsch, etwa: Jungbrunnen. Kosegarten bezieht sich auf Bürgers Gedicht »An die Nympfe des Negenborn«.
4 Die Arethusa war eine Nymphe der gleichnamigen Stadtquelle von Syrakus. Die bisher unentdeckte Landschaft führt Kosegarten damit in die große literarische Welt ein und gibt ihr Bedeutsamkeit.

Der »Hertha-See« auf einem Stich um 1835

erreichten sie in einer Viertelstunde. Es ist der schauerlich-schönste Fleck in der ganzen Stubniz. Ein mächtiger Wall, gekränzt mit Buchen von ehrwürdigem Alter und Ansehn, umschließt ein ovales Revier, in dessen Bezirke zwischen halbvermoderten Wurzeln und Baumstümpfen mancherlei Trümmer von Altären und Opfermaalen zerstreut umher liegen. Hart neben dem östlichen Rande des Walles fließt in einem tiefen beinah zirkelrunden Kessel der sogenannte Schwarze oder Burgsee, umufert mit dichtbewaldeten Höhen … Heimlicher, verborgner, abgeschiedner konnte die gefürchtete und gefeyerte Hertha schwerlich wohnen, als an den Ufern diese Sees, und in den Schatten dieses Burgringes.

Betrachtet man nemlich die natürliche Beschaffenheit dieser Gegend, und überläßt ihren Eindrücken sich unbefangen, so drängt sich einem die Ueberzeugung unwiderstehlich auf, daß dies der Fleck, der Wald, der See gewesen, deren Tacitus[1] in seiner Schilderung der Germanen gedenkt.[2] »Es liegt«, schreibt er, »im Schooße des Ozeans,« (und einen Ozean nennt er die Insel mehr denn einmal) »eine Insel, und im Innern der Insel ein geweihter Hayn. Hier hat die Göttin ihren Wagen, der jedem andern verhüllt, von keinen als von Priesterhänden berührt werden darf. Bemerkt der Priester, daß die Göttin in ihr Heiligthum herabgestiegen sey, so bespannt er den Wagen mit Kühen, und fährt die Göttin mit großer Ehrerbietung umher. Ueberall ist nun Jubel und Freude. Jede Gegend, die die Göttin ihres Besuches würdigt, feiert. Die Waffen ruhen. Das Kriegsgetümmel schweigt. Schwerdter und Lanzen werden sorgfältig versteckt, bis die Göttin, des Umgangs mit den Sterblichen überdrüßig, wieder in den Tempel zurückgeführt wird. Wagen und Gewänder, und die Göttin selber, wenn mans glauben will, werden

---

1 Cornelius Tacitus (ca. 55–120) gilt als bedeutender römischer Historiker. Neben Lebensbeschreibungen römischer Kaiser verfaßte er das Werk über die Germanen, die »Germania«.

2 *Est in insula Oceani castum nemus; dicatum in eo vehiculum veste contectum; attingere uni sacerdoti concessum. Is adesse penetrali deam intelligit, vectamque bubus feminis multa cum veneratione prosequitur. Laeti tunc dies, fest loca, quaecunque adventu hospitioque dignatur. Non bella ineunt, non arma sumunt, clausum omne ferrum; et quies tunc tantum notu, tunc tantum amada; donec idem sacerdos saliatum conversatione mortalium deam, templo reddat. Mox vehiculum et vestes, et, si credere velis, numen ipsum secreto loco abluiter. Servi ministrunt, quos statim idem lacus haurit.*

dann in einem geheimen See gebadet, die Diener aber, die bei dem Bade aufwarten, auf der Stelle von dem See verschlungen.« – Vergleicht man die Beschreibung mit der so genau zutreffenden Beschaffenheit dieser Gegend, und erinnert sich dabei der noch immer gangbaren Sagen der Einwohner, daß nämlich in diesem Burgwalle vor Zeiten der Teufel angebetet worden, daß die Priester zu seinem Dienste eine Jungfer unterhalten, und wenn er derselben überdrüßig gewesen, sie in dem Burgsee ersäuft hätten, so verschwindet wirklich aller Zweifel, daß Tacitus Insel Rügen, und sein geweihter Hayn die Stubniz gewesen sey, was auch Aretine[1] und Pontanus[2], imgleichen mein lieber Freund Friedrich Münter[3] sagen mögen, jene, um ihrem Helgoland, dieser, um seinem Seeland die Ehre des Herthadienstes zu vindiciren.[4]

– – Jedoch, Liebe, ich vergesse mich. Es ist tief Mitternacht. Die Mädchen haben sich eine nach der andern zur Thür hinaus zur Ruhe geschlichen. Die Baucis dieses Hauses ist längst über ihren Rocken eingenickt, und Vater Philemon[5] schnarcht fürchterliche Stücke auf seinem Rohrstuhle. Itzt will ich noch einmal hinausgehn, und zusehn, wie Wega und Kapella in den

---

1 nicht eruiert, möglicherweise der Humanist Leonardo Bruni, genannt Leonardus Aretinus (1369–1444).
2 Johann Isaksen Pontanus (1571–1639) – auf See vor Helsingör geboren – war seit 1618 dänischer Historiograph.
3 Friedrich Münter (1761–1830) war Theologe und Altertumsforscher, seit 1788 Professor in Kopenhagen.
4 für jemanden in Anspruch nehmen.
5 Philemon und Baucis waren das sagenhafte Ehepaar der Antike. Weil sie trotz ihrer äußeren Armut Zeus bewirteten, gewährte er ihnen statt des Todes eine Verwandlung in Bäume.

regen Wellen flimmern; dann aber auf die Streu mich strecken, die ich in dem erträglichsten Winkel dieser Stube mir habe bereiten lassen. – Gute Nacht also!

Sonnabend Morgens den 6sten.

Jasmund, bester Edward, kömmt unter diesem bisher noch nicht erklärten Namen zuerst in den Schriftstellern des zwölften Jahrhunderts vor, in Saxo[1] und in Cranzen.[2] Es war, wie eben diese Gegenden, um jene Zeit hauptsächlich von slavischen Völkerstämmen bewohnt, die schon damals die meisten noch itzt vorhandenen Dörfer und Orte angelegt hatten. Die Rosschildsche Matrikel, die in der Mitte des dreizehnten Jahrhunderts ausgefertigt wurde, nennt deren folgende:

Zum Kirchspiel Sagard: Clementelvitze, Lanke, Strachevitze, Metran, Burthevitze, Dubbevitze, Ghustavitze, Ambegaizere, Sember, Litzowe, Baranthovitze, Lubbevitze, Borotizze, Ratnovitze, Bernenstorp, Bliskowe, Salitze, Prymoysel, Voka sitze, Trochevitze, Borove, Wyk, Vorwerk, Wusseghochvitze, Marlowe,

---

1 Saxo Grammaticus (ca. 1150–1220) schilderte im 14. Buch der »Gesta Danorum« die Ereignisse des Jahres 1168, die Eroberung Rügens durch die Dänen.
2 Gemeint ist der Theologe und Geschichtsschreiber Albert Krantz (1448–1517). Aus seinem Nachlaß wurden vier umfangreiche historische Arbeiten herausgegeben, die »Vandalia«, die »Saxonia«, die »Dania« und die »Metropolis«. Sie erschienen dann bis ins 17. Jahrhundert teilweise in mehreren, auch verdeutschten Auflagen, wie z.B. die »Beschreibung Wendischer Geschichte, Lübeck 1600.

Targowe, Quosthorp, Goslyn, Poysow, Blukow, Sumeshagen, Vitzeke, Nypomerowe, Nedasitze.

Zum Kirchspiel Bobbyn: Rantzow, Zalositze, Neradevitze, Salositze, Blandow, Bysdomitze, Koldatitze, Polpevitze, Kampe, Dolmeditze, Kochestorp, Murkevitze, Pruszenvitze, Baldereke, Ruskevitze, Lubetitze, Glowe, Poldechow, Rützewine.

Die Halbinsel Jasmund ist ungefähr um ein Drittheil größer, als Wittow. Da ihr Boden aber ungleich undankbarer ist, so nährt sie einige hundert Einwohner weniger. Sie hängt vermittelst der schmalen Heide mit Wittow, und vermittelst der Prora mit dem größeren Lande Rügen zusammen, ist aber ohne Zweifel ehemalen eine volle Insel gewesen, indem die beiden Erdengen aus nichts denn Muschel und Meersande bestehen, die alten Ufer an den weitläuftigen Niederlagen glattgespühlter Kiesel und Flintensteine auch noch itzt sehr deutlich zu erkennen sind.

Auch dieses Land trägt überall unverkennliche Spuren seines neptunischen Ursprungs. Die flüchtigste Ansicht zeigt, daß sein Boden ehedem zu dem Bette des Meeres gehört habe. Auf seinen höchsten Bergen findet man Schaalthiere in Menge, versteinert sowohl, als nicht versteinert. Kalk und Lehm, Meer- und Muschelsand ordnen sich überall nach den gewöhnlichen Gesetzen des Niederschlags und der Alluvionen (Anspülungen von Erdreich durch das Wasser).

Ein merkwürdiges Monument der verschiedenen Revolutionen, die das Land erlitten hat, ist der sogenannte Tempelberg zu Bobbyn. Der ganze Berg bestehet aus Meer- und Muschelsand, und enthält einen unerschöpflichen Vorrath von Petrefacten, Schnecken, Muscheln und Korallen, wunderbar gezeichnet, und so klein zum Theil, daß nur das bewaffnete Auge sie zu unterscheiden vermag. Aus den Eingeweiden des Berges gewinnt man allerlei Denkmale der rohesten frühesten Kultur sowohl, als des Aberglaubens unsrer Väter, Opfermesser, Streithammer, Urnenscherben, steinerne Kugeln, deren Bestimmung noch unbekannt ist. – Itzt steht auf dem Gipfel dieses Berges die Bobbynische Kirche.

Mit Steinen ist das Land noch reichlicher versorgt als Wittow. Unter den mancherlei Gattungen derselben scheint ihm jedoch keine zu eigen anzugehören, als der Feuerstein. Man findet ihn zerstreut auf dem ganzen Lande, hauptsächlich aber in den Kreideufern in ellenlangen Klumpen sowohl, als in wasserrechten Schichten. Nicht selten ist er mit andern Steinarten, mit schönen Petrefacten, und mit Krystallen durchsetzt, die in mancherlei Farben schimmern.

Die eingewanderten Steinarten (sit venia verbo) sind die gewöhnlichen: Granit- und Quarztrümmer von zum Theil erstaunenswürdiger Größe; Porphyre, Jaspisse, Glimmer, Schörle, Grünsteine, Talke; Stephanssteine, Schiefer, wie auch Kalk- Thon- und Sandsteine. An Krystallen findet man: Quarzkrystalle in den Feuersteinen, und Kalkkrystalle in den Wölbungen der Muscheln sowohl, als an den Aussenseiten der Echiniten. Auch kleine Dendriten giebt es auf Mergel, Sand, Kalk und Feuersteinen.

Petrefacten sind überall, doch findet man sie selten in einer größern, als Ellentiefe unter der Oberfläche. Versteinerte Knochen, imgleichen Glossopetren sind selten; desto häufiger alle Arten von Conchylien. Von ungewundenen Schnecken giebt es Tubuliten, Dentaliten, Vermikuliten in Menge; Orthocerathiten sind seltner; Belemniten desto häufiger. Man findet sie allein, oder im Feuerstein, mit und ohne Schaale, zum Theil, oder ganz versteinert; erkennbar noch in allen ihren Conomerationen; zuweilen mit Korallen und kleineren Schnecken ganz bedeckt. – Von gewundenen Schnecken giebt es Patelliten, Pektiniten nur in Fragmenten; auch Chamiten und Ostraciten nur fragmentweise; Mytholithen aber, Gryphiten und Terebrabuliten sehr schön und vollkommen wohl erhalten. Unter den vielschaaligten Muscheln ist der Echinite der häufigste. Man findet ihn theils als glatten Feuersteinkern, theils in einer glänzenden Kalkspathhülse, in welcher seine ganze Zeichnung getreulich abgedruckt ist. Auch die verschiednen Trümmer dieses Thiers, seine Warzen, Stacheln, Zähne u.s.w. sind in Menge. Von Zoophythen giebt es allerlei Variationen des Meerstares im weißen Kalkspath; aus dem pflanzenreiche Bibliolythen, und hin und wieder etwas versteinert Holz; endlich auch mancherlei Coralliten, Madreporiten, Milleporiten, Reteporiten, Fungiten u. dergl.

Metalle sind nicht vorhanden. Eisenocher giebt es fast überall, auch noch einen andern Eisenstein. Am Strande hat man Bleiglanz in einem vermuthlich ausheimischen Steine gefunden. Von Schwefelkieß sind hin und wieder Spuren.

Das Land wird angebaut, so weit es nur des Anbaus fähig ist. Zu Poissow und Sasseniz giebt es Kalkbrennereien, zu Ruskewiz einen Ziegelofen. An Holz hat das Land einen Ueberfluß, wie auch an den edelsten zum Theil mineralischen Quellen.

Sie können leicht erachten, mein Lieber, daß ich so mancherlei Notizen, während meines sechs und dreißigstündigen Durchfluges durch dieses Land, nicht aus eigener Beobachtung habe sammeln können. Ich verdanke die meisten derselben dem Herrn Pastor Frank zu Bobbyn (bei dem ich auf meinem Heimwege einige Stunden verweilte), einem Manne, welcher die natürliche Geschichte des schönen Landes, auf dem die Vorsehung ihm seinen Platz anwies, mit großem Fleiße studiert, die antiquarischen sowohl als die natürlichen Merkwürdigkeiten desselben sorgsam sammelt, und insonderheit von den Petrefacten, vornehmlich von Belemniten des Landes eine Sammlung besitzt, die vielleicht einzig in ihrer Art ist.[1]

Außer dieser für meine Wißbegier und für mein Herz gleich interessanten Bekanntschaft, fand auch meine Fantasie und meine Landschaftsliebe heute wieder überschüssige Nahrung in dem Anschaun so mancher schöner Parthie dieser romantischen Halbinsel. Ich gedenke nur des einsamen Werders, einer Waldwohnung in der Stubniz, in deren Nähe man einen ungeheu-

---

1 Kosegartens Sammelleidenschaft für Fossilien wurde bei weitem von seinem Bobbiner Kollegen Pfarrer Bernhard Friedrich Oliver Franck (1759–1833) übertroffen. Dessen Sammlung wurde nach seinem Tod nach London verkauft. Kosegarten äußerte sich über ihn in seinem letzten Brief an Goethe, dem er auch Fossilien schenkte, am 28.7.1818: daß er »wirklich alles, was unser kleiner Archipelag an denkwürdigen Erzeugnissen liefert, mit größtem Fleiß gesammelt, aber freilich ziemlich launig und eigensinnig geordnet hat.«

Boote am Strand

ren künstlich bearbeiteten Grabstein findet, den man bei flüchtiger Ansicht für zusammengeküttet halten sollte; eine genauere Untersuchung lehrt jedoch, daß das, was einem Fuge scheint, bloße Wirkung verwitterten Spates oder Glimmens sey – des hohen Selow, eines Landrückens, von dessen Gipfel man die ganze reizende Umlage überschauet – des Dorfes Quoltiz, in dessen Gegend sich ein hoher Begräbnisplatz mit einem höchst merkwürdigen Opfermaalsteine befindet – des Hügels Dubberworth, der an Höhe und Umfang alle übrigen sogenannten Hynengräber der Gegend übertrifft, und des Fleckens Sagard, wo der wackere Mann wohnt, welcher mich und meine Gefährten den Fluthen entriß.

Von Sagard aus wähl' ich den nächsten besten Weg nach Hause, erreichte bald die schmale Heide, wandelte ihren langen Streifen in der Abenddämmerung entlang, und kam wohlbehalten, wiewohl hochermüdet, nach Hause. – Indem ich so aus dem romantischen Jasmund in das einförmigere Land zurückkehrte, war mir zu Muthe, wie wenn ich eine Weile in den Labyrinthen der Orlandiade[1] gewandert bin, und dann mich wieder wende zu meines lieben Tasso[2] einfacherm aber erhabnerGefühle.

Abends 11 Uhr.

Heute Mittag bin ich mit den Vittern auf Heringsfang ausgezogen. Aber meinst du, daß wir etwas fingen? – Nicht eine Gräte! – Die Leute schienen mir deshalb ganz aufsätzig zu werden, und sahen mich so überzwach und so heimtückisch an, daß einem, der weniger Glauben an die Tugend des Menschen gehabt hätte, wohl hätte für des Propheten Jonas Schicksal[3] bange

---

1 Kosegarten meint damit das Hauptwerk des italienischen Renaissancedichters Lodovico Ariosto (1474–1533). An seinem Lebenswerk »L'Orlando furioso« – »Der rasende Roland« arbeitete er von 1516–1530. Dieses Kriegsgedicht behandelt die unglückliche Liebe von Roland, dem Neffen Karls des Großen, zu Angelika, die ihn zum Wahnsinn trieb, und den Sieg über die Heiden durch Kaiser Karls Ritter. Das Werk wurde zum Kunstideal der Renaissance.
2 Torquato Tasso (1544–1595), italienischer Renaissancedichter. Kosegarten spielt hier im Vergleich zu Aristos »Orlando« auf ein ähnlich heroisches Epos an, auf »La Gerusalemme liberata« – »Das befreite Jerusalem«, die Darstellung des 1. Kreuzzuges in Stanzen, beendet 1575. Wieder nennt Kosegarten zwei weltbekannte Dichter doppelgliedrig, um im Gefolge ihrer Dichtungen »seine Landschaft« in die Welt einzuführen.
3 Der Prophet Jona wurde auf der Flucht vor dem Auftrag Gottes nach dem Werfen des Loses als für schuldig befunden bei Sturm über Bord geworfen.

werden könnte. Am Ende kam es jedoch heraus, daß Wind und Fluth uns entgegen gewesen wären; und da ich überdies durch meine Freigiebigkeit meine Führer wegen ihrer fehlgeschlagenen Hoffnung entschädigte, versöhnt' ich sie mir bald wieder völlig.

In meinem Dorfe ist heute Hochzeit, und ich hab' es den guten Leuten allerdings nicht abschlagen können, mit der Braut und ihren Brautjungfern den Reigen rund zu tanzen. Der leztern sind fünf. Sie folgen einander nach den Graden der Verwandtschaft, und heißen Nibh, Tüll, Nüll, Foy, Sak. Nibh ist die vornehmste, und Sak ist so zu sagen der Scharwenzel. – Ich habe mich itzt weggeschlichen, um schlafen zu gehn; ob mirs aber gelingen wird bei dem Schnarren der Geigen, und dem Jauchzen eines halben hundert halbtrunkner Tänzer, wird die Zeit lehren.

Sonntags den 7ten.

Heut Morgen hab' ich fleißig Mineralien und Petrefacte gesammelt, um Ihnen, lieber Edward, wenn wir einander einmal wieder sehn sollten, etwas Liebes mitzubringen. Ein ganz köstliches Stück versteinerten Holzes fand ich ganz unten am Fuße von Arkona. Es ist größtentheils agathisirt, und die Ritzen und Spalten sind voll kleiner Quarzkrystalle.

Heute Nachmittags war wieder Ufergottesdienst, und zwar, da das Wetter schön war, diesmal unter freiem Himmel. Es ist eigentlich ein schmales grünes Thal in der Nähe der Vitte, in welcher der Gottesdienst gehalten wird. Drei Seiten desselben sind von Hügeln einge-

Uferpredigt in Vitt, Stich von W. Riefstahl

schlossen; gegen Süden und Südosten ist es offen. Mehrere hundert Zuhörer waren gegenwärtig. Die Männer lagerten sich an dem östlichen Hügel, die Frauen an den westlichen. Der Prediger stand etwas höher neben einem großen Steine fast in der Mitte des Thales. Ich und mehrere andere angesehnere unter den Zuhörern stellten uns dicht neben ihn. Dieser Standort war sehr vortheilhaft. Die stille Vitte, die See, und Jasmunds blaue Gestade lagen offen vor uns. Zu unsern Füßen saß die gelagerte Gemeine. Auf den nahen Hügeln weideten Pferde, Kühe, Schaafe. Das Ganze war äußerst mahlerisch und interessant.

Ueber die Worte: »Sehet an die Vögel unter dem Himmel!« predigte Finster diesmal von den Vögeln – erzählte, wie wunderbarlich der liebe Gott sie gebildet habe – ihren Kopf, ihre Augen, ihre Schnäbel, ihren Rumpf, ihre Zähen und Krallen, ihr Gefieder und insonderheit die Flügel – wie sie haushielten und wirthschafteten – wie sie sich gatteten, wie sie nisteten, wie sie brüteten – wie sie ihre Jungen erzögen – wie und wovon sie sich nährten – wo sie wohneten, wie sie wanderten und reisten – welche wichtigen Zwischenglieder sie in der Kette der Kreaturen wären, wie unentbehrlich in dem Haushalte der Natur, und wie nützlich insbesondere dem Lieblinge der Natur – dem Menschen! – Den Schluß der Predigt weiß ich noch auswendig. Er lautete ungefähr so: »So sehet nun die Vögel unter dem Himmel! Sehet an, liebe Freunde, ihren wunderbaren Bau, ihre wunderbare Erhaltung und Ernährung, und lernt glauben an das Daseyn, und an die Macht und Liebe eines großen allversorgenden Hausvaters. Sehet an, liebe Brüder, die Vögel unter dem Himmel, und lernt von diesen immerfröhlichen Kreaturen Freude, Fröhlichkeit und Frohsinn! Seyd ihr traurigen und niedergeschlagenen Gemüths, ist eure Stirn bewölkt, und eure Seele verfinstert – Sehet an die Vögel unter dem Himmel! Mit Jubel erwachen sie. Mit Jubel durcharbeiten sie den ganzen Tag. Mit Gesang begrüßen sie noch den lezten abschiednehmenden Strahl der Sonne. Und ihr, die ihr so viel edler seyd, denn sie, die ihr so viel mehr Ursach euch zu freuen habt, denn sie, die ihr so viel mehr Aufforderung habet zur herzlichsten Zufriedenheit, wenn ihr denkt an euren hohen Adel und eure ewige Bestimmung – ihr wolltet trauern? – Aengsten euch die Sorgen der Nahrung, quält der Gedanke euch an eine aussichtslose Zukunft; sehet an die Vögel unterm Himmel! Sie säen nicht, sie erndten nicht, sie sammeln nicht in ihre Scheuren. Und unser himmlischer Vater nährt sie doch. Seyd ihr fremd

Fütterung der Blaumeisen

und einsam auf Erden, wißt ihr nicht, wo ihr unterkommen, noch wo ihr euer müdes Haupt hinlegen sollet? Sehet an die Vögel unterm Himmel! Sehet an den bauenden Storch! Sehet an die mauernde Schwalbe! Sehet an die flechtende Möwe! Sehet an die strikkende Golddrossel! Der diese schwachen Kreaturen lehrte, sich so künstlich anzusiedeln und einzunisten, sollte der euch nicht helfen, euch einen eignen kleinen Herd zu erbauen? Sollt' er euch ein Obdach versagen, das vorm Regen und Schnee euch schützte? Aengstigt ihr euch um das Häuflein eurer unversorgten Kinder, wißt ihr nicht, wie ihr sie speisen, wie ihr sie kleiden, wie ihr ihnen und euch ehrlich durch die Welt helfen wollet – meine Lieben, seht doch an die Vögel unterm Himmel. Sehet an die Schwalbe unter eurem Dache. Sie hat der Jungen ein ganzes Nest voll. Sehet an die Wachtel in eurem Weizen. Sie hat ihrer nicht weniger, denn vierzehn. Sehet an die Henne auf eurem Hofplatze. Sie führt ihrer ein ganzes Völkchen hinter sich her – und diese alle wollen essen; ihre gierigen Schnäbel stehen immer offen, und werden immer ausgefüllt. Sie essen alle und werden satt. – Und euch, meine Lieben, euch und eure Kinder sollte der himmlische Vater darben lassen? – Nein gewiß er wirds nicht thun. Der die Vögel unter dem Himmel versorgt, der wird auch euch versorgen, die ihr besser seyd, denn ganze Schwärme von jenen. Nur müsset ihr auch nachahmen die Tugenden dieser unschuldigen Kreaturen. Ihr müsset nachahmen ihre unverdroßne Arbeitsamkeit. Ihr müsset euch befleißigen ihrer stillen Genügsamkeit. Ihr müsset euch zu eigen machen ihre häusliche Betriebsamkeit, ihre standhafte ehliche Liebe, und ihre rührende Zärtlichkeit gegen ihre Jungen. Thut ihr solches, meine Lieben, so werdet ihr bald ebenso fröhlich und sorgenlos werden, wie die fröhlichen Vöglein. Ihr werdet jubiliren, wenn der Tag erwacht, gleichwie die jubilirende Lerche. Ihr werdet jauchzen bei eurer Arbeit, wie die bauende Schwalbe und die nistende Grasmücke zwitschert und flötet bei den ihrigen den ganzen langen Tag. Ihr werdet frohlocken in den Umschattungen der Trübsal, gleichwie die Nachtigall am schönsten singt im Dunkel der Mitternacht. Ihr werdet, wenn einstens Gottes Bothe euch von hinnen ruft, gleich dem sterbenden Schwane, mit Gesang und Jubel niedersinken in das stille Bette des Grabes, Amen!«

Ich kann dir sagen, meine Beste, daß seit dieser sonderbaren Predigt die Vögel unterm Himmel mir ein gut Theil merkwürdiger geworden sind, denn vorhin; und Wunder sollt es mich nehmen, wenn das nicht mit mehrerern meiner Mitzuhörer der Fall wäre.

– – Nach geschlossenem Gottesdienst fuhr ich in Finsters Gesellschaft zu einem der benachbareten Pächter, wo wir lachten, schwatzten, jachterten, Best Bauer spielten, gewaltig viel aßen, und gegen Mitternacht mit gegenseitigem herzlichen Wohlwollen aus einander schieden.

– Glück auf, liebes Mädchen! Morgen gehts nach Hiddensee, Donnerstags, so Gott will, unter Segel!

Dienstag Abends den 9ten.

Wittows nordwestliche Spitze bieget sich in einen anfangs südwärts herablaufenden, dann aber südwestwärts sich wendenden langen Haken, welche man den Bug nennet. Diesem Buge gegenüber liegt das nördliche Ende der Insel Hiddensee, zu welcher man sich von der äußersten Spitze des Buges übersetzen läßt. Wollt' ich also jene sehn, so mußt' ich mir gefallen lassen, den Bug zu durchwandern. Da der Weg weit ist, so macht' ich mich gestern früh wieder eine Stunde vor Sonnenaufgang auf, ging quer durch das Land, und gelangte dann an den Eingang des Buges. Der ganze lange Haken scheint bloß aus Meer- und Muschelsande, aus Kiesel- und Feuersteinen zusammengeschwemmt zu seyn. Seine Länge beträgt über eine deutsche Meile, seine Breite, da wo sie am geringsten ist, kaum zwanzig Schritt. Die größere südliche Hälfte desselben wird zur Viehweide genutzt, und zur Sicherung der Heerden von der nördlichen durch ein Verhack abgesondert, zu welchem ein sogenannter Bugvoigt den Schlüssel hat. Füßgänger können durchschlüpfen oder übersteigen, und brauchen also den Bugvoigt nicht zu begrüßen.

Ziemlich langweilig war dieser öde Weg. Auf dem Kiese und den Kieselsteinen ging es sich sehr beschwerlich, und Hiddensees unter immer ändernden Ansichten sich zeigenden Berge waren das einzige, was in die Einförmigkeit meiner Wanderung einige Abwechslung brachte. Ein paar Stunden erst vor Mittage erreichte ich die Spitze des Bugs. Hier ist zur Erleichterung des Zusammenhangs zwischen dem Hauptlande und der Provinz ein sogenanntes Posthaus angelegt, in welchem das Schwedische Postcomtoir in Stralsund einen des Seewesens kundigen Inspector hält, der, sobald in Stralsund von einem dazu bestimmten Thurme geflagget wird, sich bereit hält, mit der Paketjagd unter Segel zu gehen. Das Haus ist bequem und geräumig. Umher läuft ein mit Bäumen bepflanzter Wall. Einige Küchengärten sind in dem freilich undankbaren Boden angelegt. Die Umlage ist durch die Aussichten auf die Rügischen, Pommerschen und Hiddenseeschen Küsten sehr interessant. – Das Ganze ist ein so heimlicher, abgesonderter und dabei interessanter Winkel, daß mich däuchte, mit einem Kopfe voll Kenntnisse, und einem warmen sich selbst genügenden Herzen müßte ein Sterblicher, der es mit der Welt verdorben hätte, oder die Welt mit ihm, seine Tage hier sehr ruhig und ohne Langweile verleben können.

Dem Posthause gegenüber, einen Flintenschuß kaum vom Lande liegt ein kleines Inselchen, Neu Busin.

Sein Name sowohl als seine Bestandtheile beweisen, daß es erst in späteren Zeiten über die Meeresfläche hervorgetreten sey, wie denn überhaupt in dieser Gegend der Meeresgrund immer mehr erhöht, mithin das Fahrwasser immer seichter wird. Ich ließ zu der kleinen Insel mich übersetzen. Sie ist mit Schilf und Rohr und Riedgras überall bedeckt, und beherbergt unzählbare Schwärme von Möwen, Strandläufern und wilden Enten, deren Eyer den Bewohnern des Posthauses wohl zu statten kommen. An mehreren Stellen ihres Ufers sah ich Adern eines schwarzröthlichen aus Eisenblättchen und zerriebenen Granaten bestehenden Sandes hervorquillen, der einen sehr guten Streusand abgeben muß. Nachdem ich das kleine Land in Augenschein genommen, stieg ich wieder zu Boot, und ersuchte meine Führer, mich nun des kürzesten Weges nach Hiddensee zu bringen. Diese kleine Ueberfahrt war sehr angenehm. Das Seewasser ward von der Sonne bis auf den Grund erleuchtet, dessen silberfarbiger mit unzähbaren Muscheltrümmern durchsezter Sand einen schillernden Glanz von sich warf. Schwärme von Plötzen, Barschen und andern Fischen spielten in dem grünlichen Element, und schossen pfeilschnell unter unsern Rudern fort. – Um Mittag etwa sczten meine Führer mich auf dem Alten Busin aus, einem Haken des Hiddenseeischen Landes, welchen ich nun erst umwandern mußte, um den bewohnten und angebauten Theil der Insel zu erreichen. Dieses Alte Busin ist wahrlich das allerödeste Land, was ich je gesehen. Weder Gras noch Gebüsch bekleidete den abgestorbnen Boden. Einige verkrüppelte Hagebuttensträucher schienen bloß dazustehn, um den Mangel alles Schattens und alles Labsals desto fühlbarer zu machen. – Der Haken zog sich mehr in die Länge, als ich erwartet hatte, und das Gehen ward mir sehr beschwerlich. Es war Mittag und drückend schwül. Die Luft schien alle Elastizität verloren zu haben. Einzelne matte Wellen plätscherten kraftlos an das dürre Ufer. Lechzend nach Schatten und Erquickkung, mit schmerzendem Haupte und durchgeborstnen Lippen, vermocht' ich nur sehr langsam mich fortzuschleppen, und der verwünschte Haken nahm gar kein Ende. Anderthalb gute Stunden dauert' es, eh ich seine Krümmung hinter mir, und itzt mich wieder auf bewohntem Boden sahe. Ganz erschöpft warf ich auf dem ersten grasigen Abhange unter einer Gruppe noch dichtbelaubter Weiden mich nieder, und versank in eine schlummerähnliche Betäubung. Ein großer Jagdhund, der des Wegs gelaufen kam, und mir seine kalte Schnauze an den Backen legte, erweckte mich. Ich sprang auf, und fühlte durch die minutenlange Anspannung meiner Fibern nicht nur mein Kopfweh verstreut, sondern auch meine Kräfte völlig wieder hergestellt. Voll jenes Vergnügens, welches der Anblick nie gesehener Landschaften mir allezeit gewährt, sezt' ich meinen Stab weiter. Eine Allee noch grünender Weidenbäume zog sich den Strand entlang. Zur Linken hatt' ich das Ufer. Zur Rechten thürmten sich die Berge, deren nächste Abhänge, so steil sie auch zum Theil schienen, dennoch Spuren des Anbaus verriethen. Durch Grieben, das nördlichste Dorf des Landes, gelangt' ich bald zu dem sogenannten Kloster, wo der Besitzer der Insel und der Prediger wohnen. Bei lezterem sprach ich ein. Er sowohl als seine gastfreie Gattin empfingen mich mit vieler Freundschaft. Er ist auf dem Lande geboren und

Hiddensee

erzogen, äußerte auch mit seinem einsamen Aufenthalt und sehr mäßigen Einkommen eine mir sehr rührende Zufriedenheit. Nachdem ich mich ein wenig erfrischet hatte, führt' er mich in die Berge. Schöne romantische, wild durcheinander geworfene Berge, größtentheils ohne Spuren einiger Kultur, und aller Kultur unempfänglich. – Du weißt, Liebe, wie ich an den Bergen hänge. Berge gehn mir nächst dem Meere über alles. Inselberge nun gar, umrauscht vom heiligen Vermögen des Meeres, sind mir der höchste Gipfel aller Naturerhabenheit. Kein Wunder demnach, wenn ich nicht müde werden konnte, in diesen Höhen umherzuschwärmen. Bergauf, bergab, uferhinan, uferhinunter rannt' und kletterte ich, während der ehrliche etwas schwerfällige Pastor, an der besonnten Seite des Abhanges gelagert, in Frieden sein Pfeifchen schmauchte, und sich herzlich freuete, daß ich an seinem Vaterlande ein so großes Behagen fände. Ich sahe die Sonne untergehn von diesen Bergen, doch hinter drohenden Wolkengebirgen. Ich sahe den Mond hervortauchen aus den Wellen in seinem vollen Licht, und diese öden Gipfel mit mildem Strahl versilbern. Bis tief in die Nacht hinein würd' ich in den Bergen herumgeschwärmt seyn, wenn mein freundschaftlicher Führer nicht angefangen hätte, vor Frost zu schüttern, und über den sinkenden Thau sich zu beschweren. Also begleit' ich ihn wieder zu seinem Hause, wo ein gastliches Mahl und dann ein weiches, nur zu weiches und zu heißes Bette meiner harrete!

Mit dem grauenden Morgen brach ich wieder auf. Meine Fenster trugen auf den gebürgigten Theil der Insel. Rasch kleidet' ich mich an, um diese interessanten Berge noch einmal zu durchirren. Es stürmte stark aus Westen, und das Grollen des Meeres, das Rauschen der an dem hohen Gestade sich brechenden Wogen erhöhete die Herrlichkeit der Szene über alle Beschreibung. – Gewaltsam mußt' ich mich ihr entreißen, weil ich gerne noch den übrigen Theil der Insel sehn, und doch vor Abend noch wieder zu Hause seyn mußte.

Ich kehrte zu meinem lieben Wirthe zurück, der sich höchstlich wunderte, daß ich schon wieder in den Bergen gewesen sey, und sich erbot, mich itzt auch in das flachere Land zu führen. Gleich hinter seinem Dorfe nämlich senket sich das Land mit einmal in einem beinahe wasserrechte Fläche, welche mehr denn anderthalb deutsche Meilen bis an das südliche Ende der Insel fortläuft, ganz aus Moor und Sumpf und Sande besteht,

Zeesenboote

und zwar wohl einiger Viehzucht, des Ackerbaues aber fast gar nicht empfänglich ist. Wir spazierten den westlichen Strand hinunter bis zur Hiddenseeischen Vitte, dem größten Dorfe des Landes, dessen Einwohner sich größtentheils vom Fischfange nähren. Armseligere Hütten als die, so ich in diesem Dorfe fand, sind mir noch nicht vorgekommen. Da es der Insel an Lehm fehlt, um die Wände aufzukleemen, und an Schooff, um die Dächer zu decken, so sind ausgestochene Rasen das einzige, womit sie wider die Unbilde der Witterung sich schützen können. Das Innere dieser Hütten aber war so rauchigt und so unrein, daß ich mit aller meiner Hüttenliebe nicht im Stande war, nur wenige Minuten in ihnen auszudauern.

Das Dorf ist volkreich; aber wenig Menschen waren vorhanden. Man sagte uns, sie wären all am Strande und fischten Bernstein. Neugierig, diese ungewöhnliche Fischerei zu sehn, eilten wir hin, und fanden eine Menge Menschen, welche barfuß in die stürmende See hineinwateten, und den von den Wellen herangespühlten Tang und Unrath in genetzten und an langen Stangen befestigten Beuteln auffingen. Diesen Unrath durchsuchten sie dann am Lande, und fanden den Bernstein darin. Ihre diesmalige Fischerei war nicht sonderlich ergiebig. Nur Einer unter dem Haufen, der bisher noch nichts gefangen hatte, lief in einem Anfall von Verzweiflung bis an den Gürtel in die Fluthen hinein, warf sein Netz aus, und fing eine so schwere Masse darinnen, daß er sich selbst nicht getraute, sie für etwas anderes als einen Stein zu halten. Schwankend zwischen Furcht und Hoffnung schleppte er seine Beute an Land, leerte seine Kezzer[1] aus, reinigte die Masse, und fand zu seinem äußersten Entzücken, daß es wahrer Bernstein sey, und zwar von der gelben undurchsichtigen Art, die sich am besten verarbeiten läßt, und daher auch am theuersten bezahlt wird. Die Masse wog ein Pfund zwölf Loth, und ward gegen hundert Thaler werth geschäzt.[2]

Der Bernstein kommt hauptsächlich in den Herbstmonaten mit westlichen Fluthen angetrieben, und zwar allezeit in Gesellschaft eines bestimmten Krautes und einer gewissen verfaulten Holzart. Mit diesem Holz und Kraute zusammen findet man ihn auch als Fossil viele Ellen tief im Ufer. Noch vor wenig Jahren pachte-

---

1 Kescher
2 Mit sechs und sechzig Thaler hat ein Jude sie dem Manne bezahlt.

ten einige Stralsundische Juden ein unbeträchtliches Stück Erdreich der Insel für dreihundert Thaler, wandten auf die Durchwühlung desselben noch gegen hundert und fünfzig Thaler, und hatten gleichwohl Ursache mit der Ausbeute zufrieden zu seyn.

Tiefer in das Land zu dringen, hielt ich für unnöthig, weil mein Begleiter mich versicherte, daß es dem, worauf wir uns itzt befänden, überall vollkommen ähnlich wäre. Ich will also den Rest meiner kleinen Anmerkungen hier kürzlich zusammenfassen.

Beim Saxo heißt diese Insel Hythimö, oder Hütteninsel – von den Hütten der Fischer ohne Zweifel, die das Land vermuthlich zuerst bevölkerten. Es war vor Zeiten nicht nur mit großen Waldungen versehen, sondern auch stärker bebaut und bevölkert, als es itzo ist. Die Roschildsche Matrikel gedenkt zweier Kirchen auf dem Lande, der Klosterkirche, die noch itzt vorhanden ist, und der Kirche zum Yöll, oder Gellen, der südlichen Landspitze, wo auch zu gunsten der Seefahrenden ein Leuchtthurm unterhalten wurde. Seitdem aber das neue Tieff, das zu Ende des vierzehnten Jahrhunderts entstand, den Seefahrern einen kürzern und sicherern Weg eröffnete, ward die Schifffahrt durch den Gellen vernachlässigt, und Kirche und Leuchtthurm gingen ein.

Die Insel hält zwei Meilen in die Länge; aber die Breite ist desto unbedeutender. Man bemerkt, daß der flache Theil des Landes ansetze, der gebürgigte aber von den Wellen immer mehr weggespühlt werde.

Die Zahl der jetzigen Einwohner beträgt zwischen vier und fünfhundert. Sie nähren sich von einigem Akkerbau; hauptsächlich aber vom Fischfang und der

Schifffahrt. So arm das Land auch ist, so hegen sie doch eine so unüberwindliche Vorliebe dafür, daß sie fast nie ermangeln, aus der Fremde zurück zu kommen, und auf dem undankbaren Boden, auf dem sie geboren wurden, ihr Leben zu beschließen.

Der fühlbarste Mangel des Landes ist der gänzliche Mangel des Brennholzes. Statt seiner müssen sich die Einwohner mit gedörrtem Kuhmist behelfen, und mit einem Torfe, dessen unerträglicher Gestank die Hütten, die Kleider, die Geräthe, ja selbst die Speisen und Getränke der Einwohner durchdringt, und dem Fremden, der seiner nicht gewohnt ist, Uebelkeit und Erbrechen erregt.

Gleich nach Mittage beurlaubt' ich mich bei meinem gastfreiem Wirthe, und bestieg eine Jölle, die auf den Heringfang ausfuhr, und mich an dem Posthause aussezte. Ich hielt mich hier nicht lange auf, sondern eilte, die friedliche Goor zu erreichen, wo ich eine Stunde etwa vor Sonnenuntergang wieder angelangt bin. – Hartmuth ist mittlerweile hier gewesen, und hat den Bescheid zurück gelassen, daß wir Uebermorgen ganz gewiß absegeln werden.

Mittwoch Abends d. 10. Oct.

Zum letzenmal, meine Theuerste, schreib ich dir aus dieser Insel.

Alle meine kleinen Angelegenheiten sind im Reinen. Mein Koffer ist gepackt, mein Mantelsack geschnürt. Zum letztenmal hab' ich mit den redlichen Bewohnern dieser Hütte mein harmloses Abendmahl genossen; und

Hanne Hübnern, die zum leztenmal mir meine Streu bereitete, schleicht so eben von mir, trauernd und mit gesenktem Haupte, gleich einer Feldnelke, deren Halm der Sturm knickte.

Auch mir, scheint es, wird es nicht ganz leicht werden, von diesen Gegenden mich zu trennen. Diese einsamen und abgeschiedenen Gestade haben jenes vertrauliche Gefühl von Koexistenz in mir hervorgerufen, was einem sonst nur die väterlichen Fluren einzuflößen pflegen.

Gegen Abend, da ich eben hin, und meinem Freunde Finster Lebwohl sagen wollte, kam er selbst dahergegangen, um mir das seinige zu bringen. Lange wanderten wir neben einander auf dem hohen Ufer auf und ab, sprachen viel Ernstes mit einander ... von dem Traume des Lebens ... von dem unbekannten Ich ... von des Herzens Unersättlichkeit ... von dem noch unaufgerathenen Räthsel unsrer Bestimmung ... und unsre Seelen öffneten sich eine der andern unverhohlner, denn bis itzo. – Die Sonne senkte sich. Die langen Uferschatten verlängerten sich immer mehr auf den geschwärzten Fluthen. Auf dem Rücken einer vorspringenden Uferspitze standen wir, und staunten in Jasmunds blauende Gestade hinüber. Ich gedachte der manchen stärkenden und lebendigen Gefühle, die ich aus dem Anschaun der großen Natur in mich gesogen hatte, und noch künftig in mich saugen hoffte. Finster billigte diesen Hang, und wünschte mir Glück, ihn befriedigen zu können. »Auch ich, sprach er, bin von diesem süßen Hange noch kaum genesen. Immer hab' ich auf und davon gewollt; immer hab' ich bei dem bloßen Wollen es bewenden lassen. Manche schmeichlerische Pläne hab' ich entworfen ...

wie ich diesen oder jenen auserwählten Strich unsers Erdtheils bereisen ... wie ich die geweihten Gegenden besuchen wollte, auf denen Homer und Ossian und Tasso lustwandelten ... wie ich jene Höhen besteigen wollte, auf welchen die Gemse und der Isard wandeln ... oder jene, auf denen die blauen Enziane und das bescheidene Rhododendron blühen. – Kränklichkeit, Verhältnisse, Verflechtungen mancherlei Art haben die schönen Pläne allezeit vereitelt. – Jetzt sind mir die Würfel gefallen. Und wohl mir, dem die Hand der Vorsehung sie so lieblich fallen ließ! Dieser Himmel, diese Erde, diese Ufer, dieses Meer, und der volle stille Totaleindruck dieses erhabenen Ganzen, wird meine Seele ohne Zweifel sich immer mehr assimiliren, wird ihre noch übrigen Mislaute in immer reinern Einklang stimmen, wird ihre noch unbefriedigten Wünsche bis zu einer andern Daseynsperiode beschwichtigen, und solchergestalt immer reifer, immer fähiger und würdiger machen, aus dieser sichtbaren Welt hinüber zu schreiten in jene Unsichtbare, von welcher die Erstern den ahndungsseligen Alten nicht selten, und gewiß nicht mit Unrecht, eine bloße Vision und Allegorie gemahnte!«

So sprach er, drückte mir schweigend die Hand und wandelte ohne einiges fernere Lebewohl am grauen Gestade langsam und tiefsinnig hinunter.

Volker.

Nacht hüllt den Strand.
Arkona schwand.
Verlodert sind des Spätroths Gluthen.
Das Weltmeer grollt,
Und gluthroth rollt
Der Vollmond aus den Düstren Fluthen.[1]

---

1 Diese Strophe ist Kosegartens »Ida von Plessen« entnommen.

Idealisiertes Portrait Kosegartens, aus der »Miniatur-Bibliothek Deutscher Klassiker«, 1829.

Biographische Daten

1758 Gotthard Ludwig Kosegarten wird am 1.2. als Kind des Predigers und späteren Präpositus Bernhard Christian Kosegarten und seiner Ehefrau, der Tochter seines Amtsvorgängers, Sophia Johanna, geb. Buttstädt, in Grevesmühlen geboren.

1762 Am 5.5. stirbt die Mutter, am 8.12. heiratet der Vater die Tochter des Hofrats Steigehaus aus Schwerin Anna Christina, die nun den sieben Kindern zur Mutter wird, zu denen bald noch sechs Geschwister dazu kommen.

1775 Ab Oktober studiert er in Greifswald Theologie.
Um die Fremde zu ertragen, dichtet er viel. Er gründet einen Bildungszirkel für die »höheren Töchter« der Stadt. Besondere Freundschaft verbindet ihn mit J.G. Quistorp, bei dem später C.D. Friedrich ersten Zeichenunterricht erhalten sollte.

1777 Im März erscheint die erste Gedichtsammlung unter dem Titel »Melancholien«, seinem Freund Quistorp gewidmet, der sie auch illustrierte.

1777 Da der Vater ihn aus finanziellen Gründen nicht länger auf der Universität halten kann, nimmt Kosegarten ab November eine Hauslehrerstelle bei dem Landvoigt von Wolffradt in Bergen an, wo er den sechzehnjährigen Gustav und die dreizehnjährige Karoline unterrichten soll. Er verliebt sich dabei in Karoline und wird entlassen.

1778 Ende Mai tritt er die Hauslehrerstelle bei Herrn Wewetzer in Boldevitz auf Rügen an. Er findet viel Muße zum Wandern, Dichten und Studieren. In dem Trauerspiel »Darmond und Allwina« bearbeitet er seine unglückliche Liebe, die Liebe eines bürgerlichen Jünglings zu einem adligen Mädchen, welche die Ungleichheit der Stände trennt.

1779 Im November verläßt Kosegarten Boldevitz, und da sich die erhoffte Anstellung in Mecklenburg zerschlagen hat, übernimmt er wieder eine Hauslehrerstelle bei Herrn von Kanzow in Zansebur. Seine Neigung zu Dorothea von Hagenow wird auch hier nicht gebilligt. Ihr Vater weist Kosegartens Antrag zurück und Dorothea wird auf ein Nebengut unter die Aufsicht der Schwester gebracht.

1781 Mitte März tritt er seine vierte Hauslehrerstelle bei Herrn von Flatow in Reez an.

1781 Im Juli besteht er sein theologisches Examen in Greifswald mit Beifall. Ende des Jahres begibt er sich wieder nach Rügen und erhält dort seine fünfte und letzte Hauslehrerstelle bei Herrn von Kathen in Götemitz. Wachsende Freundschaft verbindet ihn mit Katharina Linde, der Tochter des Pastors zu Kasnevitz, wo er sonntags häufig predigt. Vor seinem Weggang verlobt er sich mit ihr. Unter anderem studiert er in dieser Zeit Kants »Kritik der reinen Vernunft« und die Dialoge Platos. Er übersetzt die ersten zwölf Gesänge der Odyssee. Hier wird er mit der Arndtschen Familie bekannt.

1785 Kosegarten bekommt eine Stellung an der Knabenschule zu Wolgast. Unter seinen Schülern ist auch Ph.O. Runge. Von der Bützower Universität erhält er das Diplom eines Doktors der Philosophie und Magisters der freien Künste. Seine Dissertation erscheint im gleichen Jahr: »De pulcro essentiali« – »Ueber die wesentliche Schönheit«, worin er Schönheit als das »Göttliche in der Natur« verherrlicht.

1786 Am 27.9. heiratete er Katharina Linde in Greifswald.

1788 Es erscheint die erste Gesamtausgabe seiner Gedichte mit den zuverlässigsten Angaben über den Ort und die Zeit ihrer Abfassung.

1789 Seine erste Tochter Allwina Luise wird am 18.6. geboren.

1790 Es erscheint der erste Band seiner »Rhapsodien«, Immanuel Kant gewidmet. Darin befindet sich neben verschiedenen Gedichten und Predigten die Ekstase aus seiner frühen Jugend »Über die wesentliche Schönheit«, wobei Schönheit für ihn im platonischen Sinn das Göttliche in der Natur ist. Seine theologische Abhandlung über das Abendmahl in diesem Band erregt Aufsehen und wird sogar ins Französische und Holländische übersetzt. Die kümmerliche Bezahlung als Schullehrer bessert er durch Nebenverdienste mit Übertragungen zahlreicher englischer Werke ins Deutsche auf, wie Pratts Freudenzögling, Richardsons Clarissa (mit 24 Stichen von Chodowiecki illustriert), Adam Smiths Theorie der sittlichen Gefühle. Auch übersetzt er die Römische Geschichte von Oliver Goldsmith, welche später mehrmals wieder aufgelegt wurde. Er widmete diese Arbeit dem Kronprinzen Gustav Adolf von Schweden.

1791 In dem Roman »Ewald Rosenmonde« schildert er seinen ersten Aufenthalt auf Rügen. Die beiden Bände »Hainings Briefe an Emma« enthalten seine Brautbriefe und geben Einblick in sein Hauslehrerleben auf Rügen.

1792 Nach Empfang der Ordination in Greifswald wird er am 24.6. in die ersehnte Pfarrstelle Altenkirchen eingeführt. Hier wird am 10.9. sein erster Sohn Johann Gottfried Ludwig geboren.

1793 Von der Universität Rostock erwirbt er die theologische Doktorwürde mit der Abhandlung: »Dissertatio theologico aesthetica de auctorum sacrorum ipsiusque Jesu Christi vi atque indole poetica«.

1794 Es erscheint der zweite Band seiner »Rhapsodien«. Er enthält neben Gedichten und Predigten die »Briefe eines Schiffbrüchigen« (S. 55–134), ebenso die Zuschrift

(Widmung) »An Gustav Adolph, damaligen Kronprinzen, itzt König der Schweden«.

1794 Am 24.8. wird seine zweite Tochter Johanna Luise Juliane geboren.

1796 Am 27.9. erblickt sein zweiter Sohn Karl Johann Emil das Licht der Welt. Zur Unterstützung beim Unterricht seiner Kinder beruft Kosegarten im Herbst den Kandidaten der Theologie Ernst Moritz Arndt in sein Haus.

1797 Am 31.3. stirbt Johanna Luise Juliane an einer Gehirnentzündung, drei Wochen später, am 23.4. stirbt Karl Johann Emil. Deshalb gibt Kosegarten seine nach Leipzig, Hof, Weimar und Dresden geplante Reise auf. So bleibt es beim bloßen Briefwechsel mit Goethe, Schiller, Jean Paul und anderen.

1798 Im Frühjahr verabschiedet sich Arndt. Ihm war hier die Erkenntnis gekommen, daß er sich für den Pfarrberuf nicht eigne. Seine Nachfolge tritt Karl Lappe an.

1798 Am 28.9. wird sein jüngstes Kind Emma Iphigenie Luise geboren.

1800 Er verdichtet die schottische Geschichte in »Ebba von Medem« und vertieft sich wieder in britische Schriftsteller: »Britt. Odeon, Denkwürdigkeiten aus dem Leben und Schriften der neuesten britischen Dichter«. Es erscheint der dritte und letzte Band seiner »Rhapsodien«.

1801 In den »Blumen« übersetzt Kosegarten schottische, schwedische und dänische Volkslieder. Auch Karl Lappe wird durch ihn zu eigener Dichtung inspiriert.

1801 Hermann Beier tritt die Hauslehrerstelle an und es entwickelt sich eine lebenslängliche Bindung. Kosegarten schafft in dieser Zeit einen romantischen Romanzyklus, in dem er programmatisch die Themen Liebe zur Natur, Liebe zur Gottheit und Liebe zur Heimat entfaltet. So entstehen »Ida von Plessen«, »Bianca del Giglio«, »Adele Cameron«.

1803 In seiner »Jukunde« beschreibt er in der 3. Ekloge idyllisch eine Uferpredigt. Literarisch ergeben sich Berührungspunkte zur Pfarrhausidylle »Luise« von Voß.

1804 Im Sinne Herders veröffentlicht er »Legenden«, 84 Dichtungen nach der »Legenda aurea«. Sie bilden für Gottfried Keller die Vorlage zu den »Sieben Legenden«.

1805 Die »Inselfahrt« gibt durch gefühlsreligiöse Landschilderungen ein breit ausgeführtes heimatliches Lokalkolorit von Wittow und Hiddensee.

1806 Kosegarten beginnt mit dem Bau des Uferbethauses Vitt. Durch Ausbruch des Franzosenkrieges konnte die Kapelle erst zehn Jahre später eingeweiht werden.

1806 Der Schwedenkönig Gustav IV. löst die Stralsunder Regierung auf und beseitigt am 26.6. die bisherige pommersche Verfassung. Die Leibeigenschaft wird aufgehoben, wofür sich Kosegarten leidenschaftlich mit seinen Schriften eingesetzt hatte. König Gustav IV. schließt sich der 3. Koalition gegen Napoleon an und befindet sich mit Frankreich im Kriegszustand. Nach der Niederlage Preußens überschreiten die Franzosen auch die schwedische Grenze und brandschatzen pommersche Dörfer. Dabei wird in Kl. Kiesow der Onkel Katharinas grausam zu Tode mißhandelt.

1807 Schwedisch-Pommern wird unter französische Verwaltung durch Marschall Soult gestellt. Am 12.9. wird Wittow besetzt. Die Befehlshaber nehmen im Pfarrhaus Quartier.

1808 Kosegarten wird auf eigene Bitte durch Marschall Soult zum Professor der Geschichte und griechischen Literatur an der Greifswalder Universität zum 1.6. ernannt. Am Michaelistag, dem 29.9. beginnt er seine Vorlesungen.

1808 Am 10. Sonntag nach Trinitatis führt Kosegarten seinen Diakon und Stellvertreter Hermann Baier feierlich in Altenkirchen ein. Er selbst behält die pfarramtlichen Rechte noch bis 1816.

1809 Auf Grund seiner Napoleonsrede zum Geburtstag des Kaisers am 15.8. wirft man ihm Mangel an Nationalgefühl vor. E.M. Arndt: »Kosegarten (sei) von den sogenannten liberalen Ideen der Franzosenzeit befangen gewesen.«

1809 Am 15.10. traut er seine Tochter Allwina mit seinem Nachfolger Hermann Baier.

1811 sowie 1814 und 1816 ist er Dekan der philosophischen Fakultät.

1814 Kosegarten wird zum Vorsteher der akademischen Bibliothek zu Greifswald ernannt.

1815 Napoleon wird durch Blücher und Wellington bei Waterloo endgültig geschlagen. Neuvorpommern wird an Preußen abgetreten.

1815 In seiner »Geschichte des fünfzigsten Lebensjahres« legt Kosegarten Rechenschaft über sein bisheriges Leben ab.

1816 Am 18.10. erfolgt die Ernennung zum 3. Professor der Theologie in Greifswald und zum Pastor an der Jakobikirche. Damit erlöschen seine Rechte auf Altenkirchen und Hermann Baier übernimmt die Pfarrstelle ganz.

1817 Eine seiner letzten Amtshandlungen als Rektor der Uni ist die Gedenkrede auf Bugenhagen, den Reformator Pommerns bei der 300-Jahr-Feier der Reformation. Wenige Tage zuvor, am 18.10., wurden auf dem Wartburgfest auf Jahns Antrieb hin auch Kosegartens »Napoleonsrede«, die »Vaterländischen Gesänge« und die »Geschichte des fünfzigsten Lebensjahres« verbrannt.

1817 Kosegarten wendet sich der Mystik zu und beschäftigt sich mit den geistlichen Gedichten der französischen Mystikerin Jeanne-Marie von Guyon (1648–1717). Er übersetzt meisterhaft die »Ströme« und gab sie mit einem Vorwort heraus.

1818 Nachdem er seit Ende August von Kopfschmerzen und Schwächeanfällen geplagt wurde, stirbt er »mit Ruhe und Ergebenheit« am 26.10. morgens vier Uhr in seinem Haus in Greifswald in der Domstraße 9. Wunschgemäß wird er auf dem Friedhof zu Altenkirchen beigesetzt.

Kosegartens Werke in Auswahl

(anonym) Melancholien (Gedichte), Stralsund 1777, 124 S.

Die wahre Größe des Fürsten. Eine Rede und Hymne an Gustafs von Schweden 31. Geburtstage, Stralsund 1777. 27 S.

(anonym) Thränen und Wonnen, Gedichte, Stralsund 1778, 173 S.

An meine Freunde, Schutzschrift und Abschied, Bergen im May 1778, 2 S.

Wahre Weisheit, Predigt, Stralsund 1779, 23 S.

Die höchste Glückseligkeit, eine Ode, Stralsund 1779, 4 S.

Wunna oder die Thränen des Wiedersehens. Schauspiel mit Gesang, mit 11 Liedern und einer Elegie, Stralsund 1780.

Homer: Odyssee. 4. Gesang, Übersetzung nebst Ankündigung, Stralsund 1780.

Glaube und Unglaube, 2 Predigten, Stralsund 1781, 39 S.

Hoffnungen der zukünftigen Welt, Predigt am Fest der heiligen Dreifaltigkeit in der Nikolaikirche zu Stralsund, Stralsund 1783, 35 S.

Würde, Mühen, Freuden und Lohn eines evangelischen Predigers, Trauer-Rede am Sarghe des Weil. Hochwürdigen Herrn August Christian Linde, Predigers zu Kasnevitz auf Rügen, Stralsund 1785, 24 S. Auch in Hainings Briefen an Emma, Bd. 2, S. 321–342.

Psyche. Ein Märchen des Altertums, von Apulejus, Leipzig 1786. Eine zweite umgearbeitete Ausgabe erschien 1789, 134 S.

Gedichte, 2 Bde., Leipzig 1788, Bd. 1: 6 Bl., 406 S., Bd. 2: 432 S., 3 Bl.

Von der Selbstbeherrschung. Eine Rede. Greifswald 1789.

Des Herren Abendmahl. Drey Unterhaltungen mit Serena, Leipzig 1790, 59 S., auch in :Rhapsodien, 2. Aufl., Leipzig 1792, Bd. 1, und 3. Aufl., Leipzig 1819, Bd. 1.

Rhapsodien. Erster Teil, Leipzig 1790, 6 Bl., 228 S. Zweiter Teil, Leipzig 1794, XII, 360 S. Dritter Teil, Leipzig 1801, 386 S.

Der Freudenzögling. Übersetzung aus dem Englischen des Herrn Samuel Pratt, 2 Bde., Leipzig (1789–)91.

(Pseud. Tellow:) Ewalds Rosenmonde. Beschrieben von ihm selbsten und Hg. v. Tellow. Berlin 1791, 1 Bl., 336 S.

Hainings Briefe an Emma, 2 Bde, Leipzig 1791, Bd. 1: XII, 365 S., Bd. 2: 365 S.

Geschichte der Clarisse, eines vornehmen Frauenzimmers. (von Samuel Richardson, Übers. a.d. Engl.) 8 Bde., Leipzig 1790–1793. Eine Auflage mit verbesserter Einteilung erschien 1796, 694 S.

Adam Smith: Theorie der sittlichen Gefühle. Übersetzung, 2 Bde., Leipzig 1791–1791, Bd. 1: 463 S., Bd. 2: VIII, 248 S.

Oliver Goldsmith: Geschichte der Römer. Übersetzung aus dem Englischen, 4 Bde, Leipzig 1792–1802.

Oliver Goldsmith: Geschichte des Oströmischen Kaiserthums. Übersetzung aus dem Englischen, 2 Bde, Leipzig 1795–1802. Bd.1: 7 Bl., 560 S., Bd.2: 386 S.

Drey Gelegenheits-Predigten, Leipzig 1792, 72 S.

Jubelpredigt. Gehalten am hundertjährigen Gedächtnistage des im Jahr 1593 in Schweden gesetzlich eingeführten Luthertums, Leipzig 1793, 43 S.

De auctorum Sacrorum Ipsiusque Jesu Christi vi atque indole Poetica. Diss. Rostock 1793, 38 S. Übersetzung der Diss.: Über den Dichtergeist der heiligen Schriftsteller und Jesu Christi, Greifswald 1794.

Predigten. Erste Sammlung, welche Vorträge über des Menschen heiligste Pflichten enthält. Berlin 1794, XVI, 298 S. Zwote Sammlung, welche Vorträge über des Christenthums hohen Werth und über seine edelsten Tröstungen enthält. Altenkirchen und Leipzig 1795, IV, 316 S.

Eudämons Briefe an Psyche, oder Untersuchungen über das Urschöne, Urwahre und Urgute, Leipzig 1796.

John Gillies, Geschichte Griechenland's Übersetzung aus dem Englischen. Band 3 und 4, Leipzig 1797.

Eusebia. Eine Jahresschrift zur Beförderung der Religiösität. Leipzig 1797, 326 S.

Poesien, 3 Bde., Leipzig 1798–1802.

Memnons Bildsäule in Briefen an Ida, Berlin 1799.

Der Staat und die Juden, eine wichtige Angelegenheit, Hamburg 1799.

(Hrsg.) Karl Nernst, Wanderungen durch Rügen, Düsseldorf 1800, VI, 304 S.

Brittisches Odeon. Denkwürdigkeiten aus dem Leben und Schriften der neuesten Brittischen Dichter, 2 Bde., Berlin 1800, Bd. 1: VI, 507, IV S., Bd. 2: 515 S.,

Der Prediger wie er sein sollte. Dargestellt in dem Leben und den Schriften des Robert Robinson, gewesenen Dissenterpredigers zu Cambridge. Frei nach dem Englischen des Georg Dyer bearbeitet, Leipzig 1800, 323 S.

(anonym) Ida von Plessen, eine romantische Dichtung. 2 Teile, Dresden 1800, Bd. 1: 276 S., Bd. 2: 262 S.

Ebba von Medem. Eine Tragödie in 5 Akten. Hamburg 1800, 137 S., Nachdruck: Grätz 1800.

Blumen. Sammlung schottischer, schwedischer, dänischer Volkslieder, Berlin 1801, XII, 188 S.

Bianca del Giglio, eine romantische Dichtung, Dresden 1801, 200 S.

Adele Cameron, eine romantische Dichtung, 2 Bde., Dresden 1803, Bd. 1: 240 S., Bd. 2: 272 S., 2. Aufl. Leipzig 1818.

Garnett, Thomas: Reise durch die schottischen Hochlande. Übersetzung. 2 Bde., Lübeck und Leipzig 1802, Bd. 1: VIII, 352 S., Bd. 2: 310 S.

Poesien. 3 Bde. Neue verbesserte Auflage, Leipzig 1802, Bd. 1: XIII, 256 S., Bd. 2: 284 S., Bd. 3: IV, 250 S.

Jucunde von Castle. Eine Geschichte aus der Vendée. Nach dem Französischen. 2 Bde., Neustrelitz 1802, Bd. 1: 228 S., Bd. 2: 223 S., Nachdruck: Leipzig 1810.

Jukunde. Eine ländliche Dichtung in 5 Eklogen. Berlin 1803, 206 S.

Gräfin Julie von Steinau oder die Wege des Schicksals, Mainz und Hamburg 1803.

Die Inselfahrt, oder Aloysius und Agnes. Eine ländliche Dichtung in sechs Eklogen. Berlin 1804, 12 Bl., 255 S.

Skaldstycken of Kosegarten, Übersetzung ins Schwedische von C.N. Humble, Stockholm 1804, 43 S.

Legenden, 2 Bde., Berlin 1804, Bd. 1: XXII, 322 S., Bd. 2: IV, 475 S.

An die Erwählten des zweiten Standes. Rede zur Aufhebung der Leibeigenschaft. Greifswald 1806, 4 Bl.

Rede, gesprochen am Napoleonstage des Jahres 1809 im größern akademischen Hörsaal zu Greifswald. (»Napoleonsrede.«). Greifswald 1809, 38 S. 2. Auch in »Geschichte des fünfzigsten Lebensjahres« S.187ff.

Vaterländische Gesänge. Verfaßt im Frühling des 1813. Jahrs. Berlin und Greifswald 1813, VI, 72 S.

Dichtungen. 8 Bde., 4. Ausgabe seiner Dichtungen, Greifswald 1811–1814.

Der Tag zu Clermont. Rede, Greifswald 1814, 48 S.

Das Tausendjährige Gedächtniß Karls des Großen. An des Königs 67. Geburtstag zu Greifswald begangen. Rede, Greifswald 1815, 102 S.

Legenden. 2 Bde., neue Auflage Berlin 1816.

Geschichte seines fünfzigsten Lebensjahres. Leipzig 1816, 301 S.

An Hardenberg, den preußischen Staatskanzler. Gedicht, Greifswald 1816, 4 S.

Denkmal der Widmung des auf Arkona erbauten Ufer-Bethauses. 2 Predigten zur Weihe der

Vitter Uferkapelle. Stralsund 1817, 80 S.

Die Ströme. Übersetzung der französischen Mystik der Jeanne Marie Bouviers Guyon, Stralsund 1817, 213 S.

Die Sprüche der Sträußer-Mädchen, Greifswald 1818, 31 S.

2. Die Werkausgaben Kosegartens

Dichtungen von Ludwig Gotthard Kosegarten. 12 Bde.. Hrsg. von Johann Gottfried Ludwig Kosegarten, Greifswald 1824–1827.

Dichtungen von Ludwig Gotthard Kosegarten. Vollständigste Grätzer-Taschenausgabe. 12 Bde., Grätz 1827.

Reden und kleine prosaische Schriften. 3 Bde. (Band 1: Uferpredigten, XII, 258 S., Band 2: Akademische Reden, XXXVIII, 303 S., Band 3: Akademische Dissertationen, VIII, 278 S. Hrsg. von Gottlieb Mohnike, Stralsund 1831–1832.

144 S., 18 hist. Kupfer
Hardcover
13.– DM/sFr, 102.– öS
ISBN 3-926958-75-8

144 S., 132 überw. farb.
Abb., Hardcover
24,90 DM/sFr, 156.– öS
ISBN 3-86108-408-2

J.C.F. Rellstab
Ausflucht nach der Insel
Rügen durch Meklenburg und
Pommern

S. Bock – Th. Helms
Schlösser und Herren-
häuser auf Rügen

104 S., 35 farb. Abb.
Hardcover
12,80 DM/sFr, 101.– öS
ISBN 3-86108-409-0

144 S., 132 überw. farb.
Abb., Hardcover
24,90 DM/sFr, 156.– öS
ISBN 3-926958-98-7

Rügen –
Sagen und
Geschichten
5. Auflage

Th. Helms (Hrsg.)
Kirchen auf Rügen
und Hiddensee

EDITION TEMMEN

Hohenlohestr. 21 – 28209 Bremen – Tel. 0421-344280/341727 – Fax 0421-348094